DÉCORER SELON LES CINQ ÉLÉMENTS DU FENG SHUI

Tisha Morris

DÉCORER SELON LES CINQ ÉLÉMENTS DU FENG SHUI

Traduit par Hervé Solarczyk

2019

Améthyste Éditions

À propos de l'auteure

Tisha Morris est consultante en feng shui, décoratrice d'intérieur, coach de vie certifiée, guérisseuse énergétique et instructrice en yoga. Elle est aussi l'auteure de *Feng Shui Your Life* (Turner Publishing, 2011). Elle réside à Los Angeles, en Californie, et on peut la trouver sur internet à TishaMorris.com.

« *Le ciel est en haut, la terre est en bas ; ainsi sont déterminés le créateur et le réceptif.* »

Yi King

Améthyste Éditions
72 rue Riquet, Bât C
31000 Toulouse
FRANCE

www.amethyste-editions.com

Retrouvez-nous sur les réseaux sociaux
Facebook @AmethysteEditions
Twitter @AllianceMagique
Instagram @alliancemagique

Couverture : Alexis Baldassari
Mise en page : Clara Soupart
Images couverture : © Istockphoto / KatarzynaBialasiewicz
Traduction : Hervé Solarczyk
Titre original : *Decorating with the Five Elements of Feng Shui*

Un Label des Éditions Alliance Magique
ISBN : 979-10-97154-29-5
Dépôt légal : 3e trimestre 2019

SOMMAIRE

PRÉFACE

Quand j'ai commencé à pratiquer le feng shui, je ne tenais pas vraiment compte des cinq éléments. Je les comprenais bien sur un plan académique, mais je ne ressentais pas de lien particulier avec eux. Comme pour bien souvent dans ma vie, c'est grâce à une maison que les choses ont changé.

Le jour où je devais finaliser la vente de ma maison, un problème a surgi de nulle part avec le contrat et, au final, la vente a été retardée de près d'un an. Durant cette période, le stress que je ressentais a commencé à m'affecter sur le plan physique, et je suis donc allée voir un acupuncteur. Il se trouvait que j'avais un excès de l'élément Bois et que j'avais besoin de plus de Terre avec un trait de Métal, un déséquilibre typique pour les gens de l'élément Bois.

Ce n'était pas une coïncidence s'il y avait une surabondance de l'élément Bois dans les finitions, l'ameublement et la décoration de cette maison. En me basant sur les principes du feng shui, j'ai trouvé des moyens d'apporter dans cette maison plus de Terre et de Métal. Ces changements ont contribué à modifier mon énergie et celle de la maison. J'ai fini par retomber amoureuse de cette demeure qui m'avait causé tant d'anxiété, et la vente a enfin pu se conclure heureusement. Cette expérience m'a montré comment nous pouvons tous nous servir des cinq éléments dans notre intérieur pour équilibrer non seulement l'énergie de ce foyer, mais la nôtre. À partir de là, les cinq éléments ont pris un nouveau sens dans mon travail avec mes clients, et ma pratique du feng shui est passé à un autre niveau. Le travail avec les Cinq éléments a aussi permis à ma passion pour la décoration d'intérieur de se manifester de nouvelles manières. C'est une chose que de créer de beaux espaces, mais c'en est une autre que de créer de beaux espaces qui guérissent et qui aident leurs occupants. C'est ce que j'appelle le *design conscient* – quand la spiritualité rencontre le *design*. Nous allons commencer à voir de plus en plus cette intégration apparaître dans tous les arts créatifs. C'est essentiellement la résurgence de la géométrie sacrée qui faisait autrefois partie de l'architecture. Mais ce n'est plus réservé aux cathédrales et aux sites sacrés. Le *design* conscient est maintenant disponible dans notre foyer et dans la vie de tous les jours : des objets que nous achetons à l'endroit où nous les disposons dans notre lieu de vie.

En nous servant des cinq éléments dans notre domicile, nous pouvons vivre en harmonie avec la terre et créer nos propres espaces sacrés.

J'allais poursuivre l'écriture de ce livre sans remercier qui que ce soit, jusqu'à ce jour où je me suis assise pendant un moment dans un lieu particulièrement sacré, à Esalen, à Big Sur. J'ai écrit ce livre durant une période de grande solitude. En y repensant, j'étais dans une phase yin, et plus précisément une phase Eau ; et j'ai passé tout mon temps à lutter contre cette phase ! Il y a dans notre vie une saison pour chaque chose. Ces saisons sont les cinq éléments, et elles sont nécessaires à notre croissance et à notre évolution. Ce contre quoi je luttais, en fait, c'était le Tao.

Le Tao exigeait que cette saison de ma vie soit Eau, même si je voulais à tout prix qu'elle soit Feu. Mais le Tao avait d'autres plans pour moi. Pour trouver la flamme de votre cœur, vous devez rester assis immobile dans la nuit obscure de l'hiver. Nous enseignons ce que nous avons le plus besoin d'apprendre. Ce livre m'a enseigné que vous ne pouvez pas toujours lutter contre le Tao. Après tout, c'est votre plan divin. Voyez de quel côté le vent souffle, et abandonnez-vous à lui. Car c'est la seule voie, ou du moins la voie de moindre résistance.

Quand je suis sortie de l'espace de méditation à Esalen, j'ai remarqué une plaque sur le côté du bâtiment, sur laquelle était gravé : « Le Tao suit la Voie du Cours d'Eau, comme le cœur-esprit, par la méditation, revient à la mer. » L'Univers ne cesse de nous donner des occasions d'apprendre, jusqu'à ce que nous finissions par comprendre. Ce livre n'aurait pas été complet sans un grand merci à ma mère et à mon père, qui ont vraiment été la Terre sous mes pieds et un support d'ancrage aussi solide que la force de gravité. Je veux aussi remercier mon éditeur, mon correcteur et tout le personnel de Llewellyn, d'avoir cru en moi et en ce livre. C'est une bénédiction d'avoir un bon élément Métal près de soi pour la correction, afin que mon correcteur intérieur (le critique) puisse se taire.

Et pour finir, ce livre vous est dédié, à vous, pour que vous puissiez trouver votre voie, le Tao. J'espère que ces pages vous aideront à trouver beauté et harmonie dans votre foyer et dans votre vie, et que vous trouverez votre voie avec aisance et grâce.

« La vie est une série de changements naturels et spontanés. Ne leur résistez pas ; cela ne provoque que de la peine. Laissez la réalité être la réalité. Laissez les choses affluer naturellement vers la direction qui leur convient. »

– Lao Tseu

INTRODUCTION

Notre existence est un équilibre délicat et complexe d'énergies. Depuis la terre dans son ensemble jusqu'à notre corps physique, et même à nos relations, l'équilibre est essentiel, non seulement à notre paix et à notre bonheur, mais aussi à notre survie. Il est crucial pour la survie de tous les êtres vivants de cette planète, et c'est le principal ingrédient de la continuité de notre existence sur terre.

Nous autres humains, nous oublions facilement que nous faisons partie d'un vaste macrocosme qui comprend les plantes, les océans, les animaux, les rochers et la Terre Mère elle-même. La nature s'efforce toujours de maintenir l'équilibre, et avec des ajustements mineurs, ou des désastres cataclysmiques, elle en trouvera toujours le moyen, et peu lui importe que pour nous ces choses semblent « bonnes » ou « mauvaises ». La dualité, l'entrelacement des énergies yin et yang qui s'efforcent de maintenir l'harmonie et l'équilibre sur cette planète dans son ensemble, est la base du Tao.

Le taoïsme est une philosophie de la vie qui se concentre sur la relation entre l'humanité et l'Univers. Le mot Tao signifie « la voie » ou « le chemin », et dans le contexte de cette philosophie, on le voit comme l'énergie primordiale de l'Univers. Le but du taoïsme est d'être dans l'alignement, ou dans le courant, de l'énergie universelle. On considère généralement le taoïsme comme une philosophie plutôt que comme une religion au sens propre, et ses principes ont été imprégnés de bouddhisme zen et des religions populaires de la Chine ancienne. Le taoïsme reconnaît le corps humain comme un microcosme (mini-univers) manifesté à partir de l'union de l'énergie yang créatrice et de l'énergie yin réceptive. Le corps humain est un modèle réduit exact de l'Univers, composé de la même matière, et constitué selon les mêmes lois et les mêmes principes.

Selon le taoïsme, c'est le mental qui crée l'illusion de la séparativité. Comme d'autres philosophies orientales, le taoïsme nous permet d'atteindre l'unité, c'est-à-dire, non seulement de réunir le mental, le corps et l'esprit en nous-mêmes, mais aussi de dissoudre la séparativité que nous avons créée dans la nature et dans l'Univers entier. En vivant plus en harmonie avec la nature, nous pouvons commencer à voir, et à apprécier, que nous sommes tous un, et abattre les barrières qui créent la séparativité dans notre mental.

La médecine chinoise, aussi appelée médecine chinoise traditionnelle (MCT), est fortement basée sur des principes taoïstes. On intègre de plus en plus la médecine chinoise dans la médecine occidentale, le plus souvent sous la forme de l'acupuncture, du Qi Gong et de l'emploi de teintures végétales. Ces modalités sont utilisées pour contribuer à équilibrer les corps physique, mental et émotionnel. En accord avec les principes taoïstes, la médecine chinoise considère le corps humain comme un microcosme composé des mêmes énergies que la nature et le cosmos, et c'est là la base de ses traitements. On appelle ces énergies les cinq éléments.

Vivre en harmonie avec la nature grâce au feng shui

Les cinq éléments s'appliquent non seulement à notre mental et à notre corps, mais aussi à notre lieu de vie. Le feng shui cst pratiqué en Chine depuis environ 4 000 ans, et comme la médecine chinoise, il est basé sur les principes taoïstes. Au début, c'était une technique permettant de repérer les lieux propices aux enterrements, en se basant sur des énergies et des forces imprévisibles qui relient les êtres humains au cosmos. On se sert maintenant du feng shui pour équilibrer et harmoniser les demeures et les espaces de vie avec la nature et la Terre Mère. L'idée de vivre en harmonie avec la nature peut sembler irréaliste, mais vous apprendrez des méthodes pratiques pour y parvenir. Ainsi, vous connaîtrez plus d'équilibre et d'harmonie dans votre vie.

Nous nous sentons naturellement mieux en pleine nature. Quand il fait beau, la plupart des gens préfèrent passer du temps à s'amuser dehors, comme aller dans un parc, se détendre à la plage, partir en promenade ou même faire un pique-nique. Quand je me suis installée en Californie, j'ai été sidérée par la qualité de la vie en extérieur. Comme le climat est doux, peu humide, et qu'il n'y a pas beaucoup d'insectes, la plupart des restaurants, des cafés et des maisons sont conçus pour la vie en extérieur. En matière de lieux de vie, j'ai toujours eu envie de faire entrer l'extérieur à l'intérieur ; mais maintenant, je cherche à faire sortir l'intérieur à l'extérieur. L'ameublement des patios et des vérandas est aussi important que celui du salon. Même si j'apprécie beaucoup de vivre en extérieur, j'ai une personnalité de crabe, qui a de temps en temps une envie folle de se retrouver dans une pièce bien confortable, avec des murs et un toit. Pour ceux qui vivent dans un climat plus rude, apprécier la vie en extérieur peut être assez difficile ; il est donc très important d'intégrer les principes de la nature dans notre espace de vie grâce aux cinq éléments, pour pouvoir facilement faire le pont entre notre énergie et celle de la nature.

Quand on parle du feng shui, on se sert souvent du mot « harmonie ». C'est une autre façon de dire que l'on se sent à l'aise, tandis que « disharmonie » serait un équivalent de malaise. Toutes les maladies du corps sont fondamentalement des « mal-aises », sur le plan mental, émotionnel et physique. Plus nous pouvons intégrer d'harmonie dans notre vie, et plus nous nous sentirons à l'aise. En tant qu'espace sur lequel nous pouvons exercer un contrôle, et que nous pouvons affecter de manière positive pour y créer l'harmonie, notre foyer ne le cède qu'à notre corps. Si nous accordons davantage d'attention consciente à la création d'un environnement harmonieux, nous en ressentons les bienfaits dans tous les domaines de notre vie. Notre foyer est un miroir de notre énergie. L'harmonie de votre espace est en corrélation directe avec l'harmonie de votre mental et de votre corps.

Notre lieu de vie nous relie à la nature, à la planète et à ce qui est au-delà. Sans notre environnement bâti, nous autres, êtres humains, nous vivrions parmi les animaux, les insectes et les fleurs. Nous serions en harmonie avec la nature, mais aussi à sa merci, entourés d'amis autant que d'ennemis.

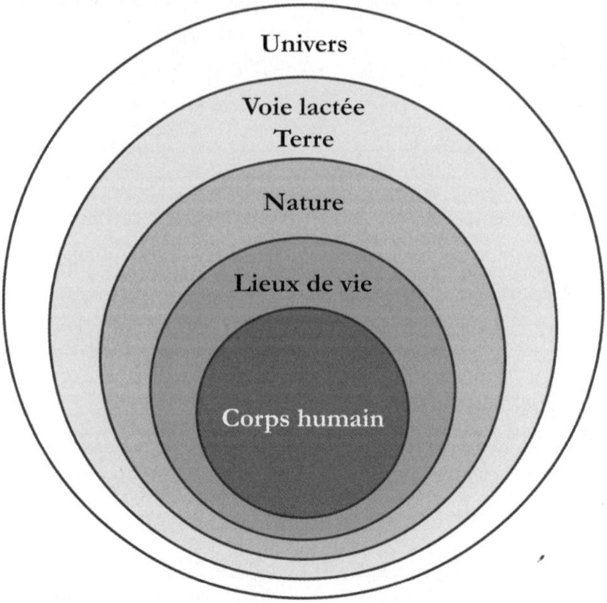

Les lieux de vie, un pont vers la nature.

Pour la plupart, nous sommes d'accord pour dire que nous échangerions avec joie nos quatre murs et le toit au-dessus de notre tête pour vivre en harmonie totale avec la nature. Mais en fait, l'environnement bâti ne nous a pas uniquement apporté une vie plus confortable ; il a aussi préparé le chemin pour notre évolution et notre expansion. L'environnement bâti pout aussi bien nous relier à la nature que nous en couper, en fonction de l'intégrité de l'architecture et du *design*. Un usage délibéré des cinq éléments peut nous aider à trouver un bel équilibre entre le confort, l'harmonie avec la nature et un environnement favorable à notre énergie personnelle. Les cinq éléments sont le pont qui relie notre lieu de vie à la nature.

Le concept des cinq éléments fait partie intégrante de la pratique du feng shui, et c'est pourquoi la plupart des livres sur le feng shui leur consacrent une section. Mais dans ce livre, j'ai l'intention de vous proposer une approche complète et pratique pour intégrer les cinq éléments dans votre foyer.

Vous ne les connaissez peut-être pas encore très bien ; et pourtant, au moins l'un de ces cinq éléments est présent dans votre lieu de vie.

Au fil des années, j'ai donné un certain nombre de cours de feng shui, en personne et sur internet. La section sur les cinq éléments est souvent très populaire, et c'est ce qui m'a inspiré ce livre. Par exemple, l'une de mes étudiantes a fait ce commentaire :

> *Ça fait longtemps que je suis des cours de décoration intérieure, mais sans résultat. Ma mère, au contraire, a un véritable don intuitif. Je sais ce que j'aime, mais je n'arrivais pas à m'y relier, ou à le présenter… jusqu'à maintenant. Le simple fait d'équilibrer les éléments, les couleurs ou les pièces fonctionne à merveille. Ce type de travail est vraiment comme un point de repère au milieu de tous ces choix disponibles pour un lieu qui sera notre foyer pendant longtemps une fois terminé.*

Dans mon expérience, le concept des cinq éléments est le dénominateur commun entre mon *background* en décoration d'intérieur et mon expérience comme consultante en feng shui. Quand j'ai découvert les cinq éléments, au cours de mes études sur le feng shui, j'ai compris qu'intuitivement, je travaillais déjà avec eux comme décoratrice d'intérieur, mais sans en être consciente. À chaque fois que vous associez des meubles, des matériaux, des finitions, des couleurs, des formes et des textures, vous travaillez avec les cinq éléments.

En plus de l'esthétique que les cinq éléments apportent à un espace, chacun d'eux incarne une qualité énergétique particulière qui affecte l'énergie d'un espace et donc celle de ses occupants. Par exemple, j'ai remarqué que mon énergie change dans certains restaurants en fonction des éléments qui y sont présents. J'ai remarqué qu'à chaque fois que je me rendais dans un certain restaurant de Los Angeles, je devenais irritable. J'ai fini par comprendre que c'était parce que la décoration était principalement composée d'éléments liés au Métal. Mon élément dominant étant le Bois, je ne suis pas la personne la plus compatible avec les espaces où il y a beaucoup d'éléments Métal. Même si leur cuisine est extraordinaire, je dois faire attention à mon énergie quand j'y vais, ou prévenir mon compagnon de table.

Quand vous connaîtrez mieux les cinq éléments et votre propre constitution élémentale, vous commencerez à voir les espaces d'un œil différent. Vous remarquerez peut-être aussi que vous achetez vos éléments de décoration autrement. J'espère que vous pourrez appliquer ce que ce livre vous aura appris pour créer votre propre sanctuaire, un lieu magnifique où vous vous sentirez bien. Ainsi, vous jouirez d'une meilleure santé, de relations plus harmonieuses, d'un bonheur plus grand et de davantage de prospérité.

Que sont les cinq éléments ?

Les cinq éléments sont l'Eau, le Bois, le Feu, la Terre et le Métal. Dans ce livre, vous apprendrez comment chaque élément s'exprime, non seulement sur notre planète, mais aussi en vous et dans votre foyer. Le système des cinq éléments est basé sur la prémisse taoïste selon laquelle nous sommes tous un, et que tout est constitué de ces cinq énergies. Les galaxies, les planètes, les rivières, les montagnes, les animaux, les plantes et les êtres humains sont tous composés de ces éléments, et chacun d'eux dépend des autres pour entretenir la vie. En d'autres termes, nous autres humains, nous sommes faits des mêmes composantes énergétiques que les arbres, le soleil, les rivières, la terre et les montagnes.

Chaque élément a des caractéristiques spécifiques selon lesquelles il s'exprime dans le monde. Chaque élément joue aussi un rôle essentiel dans le cycle de la vie. Tous les êtres vivants font l'expérience des cycles de naissance et de renaissance, de croissance et de décroissance, de développement et de mort, et de yin et de yang. On appelle ce processus le cycle des cinq éléments, et on peut le voir dans tous les aspects de la vie, y compris les saisons, les heures du jour, l'âge, les cycles de la lune, les orbites planétaires et, bien sûr, au sens littéral, la naissance et la mort. Dans notre société, nous avons tendance à oublier, ou du moins à minimiser, l'importance de la mort. Mais la nature sait que la naissance serait impossible sans la mort, tout comme la lumière ne pourrait pas exister sans l'obscurité. Là encore, tout est une question d'équilibre, et les étiquettes de « bon » et de « mauvais » ne sont pas pertinentes.

C'est la nature vierge qui nous offre le meilleur exemple du cycle des cinq éléments. Nous pouvons la voir trouver un équilibre entre naissance, mort et renaissance dans la chaîne alimentaire ; nous voyons les arbres lutter pour l'accès au soleil, les saisons favoriser la croissance et la mort, et même des compensations radicales sous forme de feux de forêt et d'éruptions volcaniques. Tout ceci est nécessaire pour la survie des espèces, et ce qui est en jeu, en définitive, c'est la viabilité de notre planète, la Terre. Après tout, si la Terre ne conservait pas son équilibre, toutes les espèces périraient.

Il est facile de se dire que les catastrophes naturelles sont quelque chose de terrible ; il y a des conséquences tragiques, des pertes en vies humaines. Mais ces catastrophes naturelles, comme les tremblements de terre et les éruptions volcaniques, sont pour la Terre un moyen d'atteindre un équilibre qui empêche des catastrophes plus graves. Ces phénomènes sont comparables aux bouleversements émotionnels que nous pouvons connaître occasionnellement dans notre vie. La Terre est un immense organisme vivant, qui émet de l'énergie et absorbe notre énergie humaine. Tout comme nous, elle doit se guérir des traumatismes qui lui ont été infligés.

Pourquoi utiliser les cinq éléments ?

Le meilleur moyen pour nous de contribuer positivement à l'équilibre de notre planète, qui est clairement si vaste par rapport à nous, est de prendre soin de ce que nous pouvons contrôler, c'est-à-dire, les espaces où nous vivons : notre corps et notre domicile. Nous avons tous en nous-mêmes notre propre cycle des cinq éléments qui cherche constamment à atteindre l'équilibre. Par exemple, le but spécifique de l'acupuncture est de corriger les déséquilibres des cinq éléments en nous et de favoriser la circulation du chi dans le corps. Chaque organe, chaque système et chaque méridien est relié à l'un des cinq éléments.

Que nous en soyons conscients ou non, nous sommes constamment en train d'essayer d'équilibrer en nous le cycle des cinq éléments, par le type d'aliments que nous ingérons, le nombre d'heures que nous dormons et le type de relations que nous entretenons. Un déséquilibre de notre cycle intérieur des cinq éléments peut provoquer des maladies et des douleurs, des perturbations mentales et émotionnelles, ou virtuellement toute affection qu'un médecin occidental peut traiter.

Ce même équilibre (ou déséquilibre) se retrouve dans nos lieux de vie. Trouver l'équilibre dans ces espaces est important pour les guérir, mais aussi pour la santé des personnes qui les occupent et les utilisent. Le feng shui est la science de l'équilibrage des énergies dans nos lieux de vie, en accord avec la nature. Si le feng shui a de nombreuses facettes, dont la disposition de l'ameublement, la carte Bagua, le nettoyage de l'endroit et même la pratique moderne du désencombrement, les cinq éléments sont l'un des principaux outils permettant d'équilibrer les énergies dans un lieu. Les cinq éléments nous relient à notre foyer, et relient notre foyer à la nature et à ce qui est au-delà.

En essence, les lieux de vie sont des êtres vivants, et donc le cycle des cinq éléments s'applique aussi à eux. Tout lieu, en particulier nos domiciles, est un être qui vit et qui respire, tout comme nous. La porte d'entrée est la bouche qui inhale l'énergie, laquelle est expirée par la porte de derrière. Notre énergie et celle de notre foyer ont des liens si étroits que chaque aspect du foyer est une représentation symbolique de nous-mêmes. J'ai traité de ceci en détail dans mon livre paru en 2013, *Mind, Body, Home*, où j'associe chaque aspect d'une maison à ses contreparties physiques, mentales et émotionnelles en nous-mêmes.

Parce que notre énergie est si étroitement liée à l'énergie de notre foyer, nous sommes affectés positivement ou négativement par son énergie, positive ou négative. S'il y a dans notre foyer un déséquilibre énergétique, nous en verrons les effets quelque part dans notre vie. Notre foyer est un miroir de nous-mêmes. Les déséquilibres de l'énergie de notre foyer peuvent apparaître partout, sous la forme d'ennuis de santé ou de problèmes relationnels. Avez-vous par exemple fait l'expérience d'une modification soudaine (bonne ou mauvaise) de votre situation dès votre emménagement dans un nouveau domicile ?

En tant consultante en feng shui, j'entends souvent des histoires de clients qui connaissent des changements soudains dès qu'ils s'installent dans un nouvel espace. Même s'ils ne connaissent pas le feng shui, ils peuvent sentir que quelque chose dans la maison affecte directement leur chance, si l'on peut dire. La maison où nous choisissons de vivre joue un grand rôle dans notre destinée pendant que nous y résidons. La bonne nouvelle, c'est qu'on peut en général remédier à ces déséquilibres par le feng shui. On peut se servir des cinq éléments comme d'un remède ou d'un outil de prévention pour soi-même et pour la maison. Quand vous équilibrez les cinq éléments dans un espace, ses occupants en bénéficient. Plus votre maison est en bonne santé, plus vous le serez aussi.

Les trois étapes pour mettre du feng shui dans votre vie

Depuis des années, je coache, je conseille, et j'écris sur le processus et les bienfaits du désencombrement. Je suis très heureuse de pouvoir aider mes lecteurs en leur suggérant ce qu'ils peuvent ajouter à leur foyer pour le décorer en se servant des cinq éléments. Cela dit, je veux souligner qu'ajouter des choses dans votre maison est en fait la dernière étape, en feng shui.

L'idée que le feng shui passe par l'ajout de choses dans la maison a été entretenue par notre monde consumériste. L'idée de décorer sa maison d'objets censés porter bonheur, qu'il s'agisse de grenouilles, de coqs, de canards, de cristaux ou de flûtes, est une déformation de ce qu'est vraiment le feng shui et de ses effets potentiels. Que vous cherchiez à restructurer votre vie, ou simplement changer votre décoration intérieure, un processus est nécessaire. Nous pensons souvent que l'ajout de quelque chose de neuf à notre vie où à notre maison va produire le changement qu'il nous faut. Mais en fait, il doit y avoir deux étapes préalables. Autrement, vous aurez toujours la situation initiale, mais avec l'addition de nouvelles choses, ou de nouvelles situations. C'est l'une des sources de l'encombrement de notre maison, qui peut devenir envahissant dans notre vie.

Notre foyer est une métaphore de notre vie : il a une capacité d'encombrement limitée. Même si nous avons de beaux objets d'art très chers, nous n'avons pas un nombre de murs infini. Si nous accrochons trop de tableaux sur les murs de notre maison, ils finiront par avoir l'air chaotiques, encombrés. Il en va de même pour notre vie. Si nous prenions un emploi sans avoir quitté le précédent, les journées ne seraient tout simplement pas assez longues pour nous permettre de faire les deux. Dans le monde physique, le temps et l'espace existent en quantité limitée. Nous devons prioriser, réviser,et choisir ce que nous voulons mettre sur nos murs, où nous voulons travailler et avec qui nous voulons avoir des relations. Autrement, nous continuons d'ajouter, et d'ajouter encore, jusqu'à faire une dépression nerveuse. C'est aussi ce qui fait stagner notre vie : un excès de matière, au point que l'énergie ne peut plus circuler ni se déplacer.

Il est important de signaler que l'encombrement n'est pas la même chose que l'expansion. Nous sommes faits pour l'expansion. Notre monde est fait pour se développer, pour s'enrichir de plus d'expériences, de plus de gens, et peut-être même de plus de possessions. Mais une expansion viable n'est possible que si elle s'accompagne d'une contraction. Autrement, nous risquons de grandir trop et trop vite. C'est ce qui provoque le stress et l'anxiété. Avant de pouvoir ajouter de nouvelles choses dans votre vie sans risquer d'être envahi, vous devez passer par un processus de raffinage.

Je vais faire mes courses chaque semaine. En rentrant chez moi, je pose mes sacs sur le plan de travail de la cuisine. Avant de les vider, je sors du réfrigérateur tout ce qui n'est plus comestible, soit parce que c'est gâté, soit parce que je ne le mangerai pas. Ensuite, je range ce qui reste pour qu'il y ait un minimum d'organisation dans le réfrigérateur. Et c'est seulement alors que j'y ajoute les produits frais que je viens d'acheter. Tout dans votre vie devrai suivre ce même processus de feng shui en trois étapes : *retirer*, *réarranger* et *dynamiser*. Regardons chacune d'elles de plus près.

Retirer

Pour créer du changement dans votre vie, vous devez en retirer ce qui ne fonctionne plus, pour faire de la place pour de nouvelles énergies. C'est la phase du désencombrement. Dans le cycle des cinq éléments, c'est la phase Métal où les énergies sont raffinées et purifiées pour permettre, plus tard, la renaissance. L'encombrement, c'est tout ce qu'il n'est plus dans votre intérêt supérieur de conserver et tout ce qui occupe un espace précieux dont aura besoin la nouvelle énergie. Ne gardez dans votre foyer que les objets que vous utilisez ou que vous aimez. Quand je donne des consultations à domicile, il arrive que ce soit la seule étape nécessaire. Dans les cas où il y a trop de bric-à-brac dans un espace, il suffit simplement de le débarrasser. Ainsi, on peut plus facilement remarquer les objets qu'on préfère.

Réarranger

Vous avez peut-être tendance, dès que vous avez procédé au désencombrement, à ajouter immédiatement de nouvelles choses. Mais cette seconde étape est vraiment importante ! Quand j'ai quitté Nashville pour emménager à Los Angeles, j'ai vendu presque tout ce que je possédais pour traverser le pays en voiture. J'avais entièrement terminé la phase de désencombrement, mais je m'étais découragée quand de nouvelles choses avaient tardé à apparaître. Je me suis rendu compte que j'avais sauté cette étape importante : le réarrangement. Je vivais dans un espace qui n'était que temporaire. Je n'avais pas fini de trouver mes marques, et il fallait beaucoup de réarrangement pour vivre dans une grande ville, comme je le faisais.

L'étape du réarrangement vous donne le temps de vous organiser et de clarifier ce que vous voulez vraiment. Après avoir désencombré vos pièces, vous les verrez peut-être sous un jour entièrement différent. Vous déciderez peut-être que telle pièce doit servir à tout à fait autre chose. Par exemple, après avoir désencombré une chambre d'ami, vous vous rendrez peut-être compte que vous préféreriez y faire un bureau. Ou bien, après le désencombrement, vous pourrez enfin déplacer le lit pour le mettre dans un emplacement optimal, avec assez de place pour ajouter des tables de nuit. L'idée est de procéder aux ajustements nécessaires en se servant de ce qui reste avant d'ajouter une nouvelle énergie. Ainsi, vous aurez une perception plus claire du type d'énergie que vous voulez faire entrer dans votre espace. Pour en revenir à mon analogie avec le réfrigérateur, je devrais probablement procéder à l'étape du réarrangement avant d'aller faire mes courses, pour avoir une idée encore meilleure de ce que je veux et de ce dont j'ai besoin.

Dynamiser

C'est en général l'étape à laquelle tout le monde veut passer tout de suite. Il y a quelque chose d'excitant à l'idée de faire entrer de nouvelles choses dans notre maison ou dans notre vie. Cependant, quand on le fait au mauvais moment, c'est quelque chose qui peut nous laisser stressés et abattus. Au lieu de vivre un changement positif, nous nous retrouvons encore plus désorientés, avec encore plus d'encombrement mental, émotionnel et physique qu'auparavant. Il m'est arrivé de me rendre au domicile de clients qui contenaient très peu de possessions, presque aucune décoration et qui étaient vides de toute énergie. C'est un exemple très rare d'un cas où on peut sauter les deux premières étapes, et passer à l'étape *dynamiser*. Les types Métal ou Eau sont les candidats les plus probables pour ce scénario, parce qu'ils sont plus en phase avec le peaufinage et le lâcher-prise face aux choses, et ont peu tendance à accumuler.

Lorsque vous avez débarrassé et réarrangé, il est temps de dynamiser ou de stimuler l'espace. Vous pouvez le faire au moyen des concepts dont il est question dans les chapitres suivants. Vous pouvez vous servir des cinq éléments pour décorer votre foyer. Vous pouvez même dynamiser certaines zones de votre foyer avec la carte Bagua, en utilisant les couleurs, les éléments et les objets personnels indiqués. Plus vous appréciez un espace, plus il sera dynamisé par une énergie positive. Notre énergie est ce qu'il y a de plus puissant et de plus significatif pour dynamiser notre espace. La meilleure optimisation feng shui que vous pouvez apporter à une pièce, c'est le rendre fonctionnel et esthétiquement agréable.

Comment se servir des cinq éléments

Dans la première partie, vous apprendrez les caractéristiques des éléments, et comment ils interagissent les uns avec les autres. On peut bien sûr comprendre ces éléments au sens littéral, comme du feu et de l'eau au sens propre, mais en réalité, il est plus exact de les voir comme des aspects de l'énergie. Vous pouvez penser à chaque élément comme à un aspect du changement. Chaque élément a son propre rôle à jouer dans les cycles permanents de naissance et de mort qui sont tous ensemble connus comme les cycles des cinq éléments. Par le biais des cycles d'engendrement et de destruction (examinés en détail au chapitre 3), l'énergie est transformée pour pouvoir connaître une expansion viable dans tous les aspects de la vie.

Dans la première partie, vous appendrez aussi comment chaque élément s'exprime au quotidien dans notre monde. L'énergie de chaque élément se manifeste sous forme physique de diverses manières. Il en est de même pour notre foyer. Une bougie allumée appartient à l'élément Feu, tout comme un élément de décoration triangulaire. L'un et l'autre incarnent l'énergie de l'élément Feu. Il en est de même pour quelqu'un chez qui l'élément Feu domine. Il est évident que ces objets et cette personne ne sont pas constitués de feu, mais elles incarnent l'essence, ou l'énergie, du Feu.

Dans la deuxième partie, vous découvrirez quelle est votre constitution personnelle selon les cinq éléments. Si vous connaissez un peu la médecine ayurvédique, vous avez probablement déjà entendu parler des trois *doshas* : *vata*, *pitta* et *kapha*. Selon l'Ayurveda, chacun d'entre nous est né avec un degré variable de ces trois énergies, qui composent notre constitution, basée sur nos caractéristiques physiques et notre personnalité. Il en va de même avec les cinq éléments de la médecine chinoise. Nous contenons tous des aspects des cinq éléments, mais nous les exprimons différemment et à des degrés divers. Par exemple, une personne très extravertie incarne davantage l'élément Feu, tandis qu'une personne plus introvertie contient davantage de l'élément Eau, et ainsi de suite.

Connaître votre constitution élémentale vous permettra de mieux vous connaître sur le plan énergétique. Vous découvrirez des traits de personnalité dont vous n'étiez peut-être même pas conscient. Vous serez aussi capable de voir comment votre élément complète, ou éventuellement s'oppose, à d'autres types élémentaires. Votre type élémentaire personnel vous donne des aperçus sur vos traits de personnalité, mais il est surtout révélateur de la manière dont vous gérez votre énergie et dont vous fonctionnez. Il représente la manière dont l'énergie de la source créatrice s'exprime à travers vous. Pensez à la descente d'un rayon de l'énergie de Dieu, ou de la Source ; vous êtes un prisme de cette énergie. On peut mesurer la manière dont cette énergie entre en vous et dont elle se manifeste à travers vous, par votre expression unique des cinq éléments.

Nous avons tous une manière privilégiée de gérer notre énergie dans le processus créatif. Chacune des cinq énergies est nécessaire à son fonctionnement. Par exemple, si un chef d'entreprise veut mettre en place une équipe, il a tout intérêt à équilibrer les cinq éléments pour s'assurer que l'équipe sera bien équilibrée. Nous jouons tous un rôle dans la manière dont ces énergies s'expriment dans le monde. Vous êtes peut-être un élément Feu puissant, qui apporte de l'enthousiasme à toutes sortes de projets. Ou bien, vous êtes un élément Terre, qui aide les gens à bien s'entendre tous ensemble. Dans tous les cas, connaître votre type énergétique dominant, et savoir comment vous en servir de la manière la plus efficace possible, profitera à la fois à vous-même et au monde.

Il est utile de connaître son (ou ses) élément(s) dominant(s) pour bien se comprendre et aussi pour reconnaître quand on est déséquilibré à cause de facteurs stressants. Vous découvrirez quelle énergie vous incarnez dans votre état le plus équilibré, et quand vous êtes déséquilibré. Quand vous êtes stressé, avez-vous tendance à l'anxiété, à la déprime, à l'inquiétude, à la frustration, à l'épuisement ou à la léthargie ? Chaque élément a une émotion commune qui produit des périodes de stress. En prenant conscience du fait que vos tendances ne sont plus équilibrées, vous pouvez plus rapidement modifier votre course, et même éviter le stress.

Quand notre constitution normale n'est plus à l'équilibre, il peut y avoir des répercussions aux niveaux physique, mental ou émotionnel. Si le déséquilibre devient chronique, il peut en résulter un schéma de maladie mentale ou physique. L'objectif est de se servir d'outils de médicine préventive, comme les cinq éléments, avant que ce schéma ne s'installe. Par exemple, ayant le Bois en élément dominant, mes déséquilibres sont presque toujours en rapport avec un manque ou un excès d'énergie Bois.

Quand vous prenez conscience de vos tendances, vous pouvez vous servir des autres éléments pour trouver un équilibre. Ces informations vous permettent d'utiliser votre foyer et votre environnement pour maintenir l'équilibre dans votre constitution élémentaire personnelle. Dans la troisième partie, vous apprendrez comment vous servir de votre intérieur pour maintenir votre équilibre personnel selon votre élément dominant. Vous pouvez en fait vous servir de la décoration de votre foyer pour apporter plus d'équilibre et d'harmonie dans votre vie. Les chapitres 10 et 11 vous montreront l'expression spécifique de chacun des cinq éléments dans un lieu, et aussi dans l'environnement extérieur, par les matériaux, les finitions, les couleurs, les formes et les objets décoratifs. Vous êtes-vous déjà demandé pourquoi vous êtes attiré par un certain type de décoration ? Vous avez peut-être une quantité inhabituelle de meubles en bois dans votre domicile. Aimez-vous les œuvres d'art en métal, les poteries ou tout ce qui est fait en verre ? Il y a des raisons qui expliquent pourquoi nous sommes attirés par certains matériaux, certaines finitions, couleurs et textures, et par certains styles. Les objets qui décorent notre foyer, et les finitions que nous choisissons, sont en corrélation directe avec notre propre constitution énergétique. Par exemple, en changeant simplement la couleur ou le matériau de votre bureau, pour qu'il soit plus compatible avec votre élément personnel, vous pouvez augmenter votre productivité ou votre niveau d'énergie.

Quand vous aurez appris comment les cinq éléments s'expriment dans un intérieur, vous deviendrez vite votre propre décorateur d'intérieur. Les décorateurs équilibrent intuitivement les cinq éléments par le biais de motifs, de textures, de contrastes et de couleurs. Même si vous n'êtes pas par nature porté sur la décoration, vous la verrez d'un œil nouveau quand vous comprendrez les cinq éléments, car ils constituent en essence la science qui sous-tend la décoration. Nous pouvons nous servir de la décoration de notre foyer, non seulement pour la rénover et la rendre plus tonifiante, mais aussi pour nous rééquilibrer. Et ainsi, quand vous rentrez chez vous, vous entrez en fait dans un sanctuaire de guérison.

La plupart des gens décorent leur foyer sans trop réfléchir, sauf s'il se trouve qu'ils aiment les intérieurs, comme moi-même. Quand vous comprendrez les cinq éléments, vous n'achèterez plus jamais des meubles de la même manière ! Vous serez capable de créer un beau centre de table pour votre table de salle à manger, ainsi qu'équilibrer les éléments pour correspondre à votre énergie. En conséquence, votre foyer aura l'air magnifique, et vous vous sentirez aussi très bien. Vous aurez l'impression d'être chez vous comme si vous étiez dans un sanctuaire personnel.

Au chapitre 12, vous irez un peu plus loin, en appliquant les cinq éléments à votre foyer en vous basant sur la carte Bagua. La carte Bagua est un outil souvent utilisé en feng shui, qui montre où les différentes facettes de votre vie se situent dans l'espace. Chacun des secteurs de la carte Bagua est en rapport avec l'un des cinq éléments. Vous découvrirez où se trouvent ces secteurs dans votre domicile, et comment stimuler ces aspects de votre vie en vous servant des cinq éléments. En plus de la carte Bagua, nous verrons quels sont les meilleurs éléments à utiliser pièce par pièce, selon la fonction de la pièce, au chapitre 13.

Au chapitre 14, votre énergie personnelle entre dans l'équation, pour découvrir le meilleur usage que vous pouvez faire des éléments pour vous dans votre domicile. Enfin, le chapitre 15 propose une explication plus poussée de l'utilisation des cinq éléments sous leur forme la plus pure. Tout comme un acupuncteur se sert de minuscules aiguilles pour faire circuler le chi dans le corps, ainsi, nous pouvons nous servir de cristaux et d'autres éléments pour faire la même chose pour stimuler notre énergie et celle de notre espace.

L'objectif de ce livre est de vous donner des applications pratiques d'un concept qui est pratiquement antérieur à l'écriture, et qui est encore utilisé dans de nombreuses parties du monde pour améliorer notre vie et les espaces où nous évoluons. Le chanteur Moby a une chanson appelée « We Are All Made of Stars » (Nous sommes tous faits d'étoiles). C'est ainsi que je vois les cinq éléments. Les énergies qui les composent sont le tissu même de notre Univers, ou du moins de notre planète, telle que nous la connaissons.

Les cinq éléments sont le schéma énergétique qui est présent partout, dans le ruisseau derrière chez vous, dans la table de votre cuisine et dans votre fils de quinze ans. Chacun d'eux est nécessaire à la survie des autres. À notre époque, nous autres, êtres humains, avons dépassé le stade de la survie au jour le jour, et nous cherchons plutôt à nous épanouir dans cette vie ; et nous avons appris que cela implique de cocréer consciemment avec la nature, et les uns avec les autres. J'espère que ce livre vous aidera à ne plus simplement survivre, mais à vous épanouir dans votre vie.

PREMIÈRE PARTIE : À LA DÉCOUVERTE DES CINQ ÉLÉMENTS DU FENG SHUI

CHAPITRE UN – La dualité énergétique du yin et du yang

Selon la philosophie taoïste, l'Univers a été créé par la combinaison de l'énergie yang créatrice et de l'énergie yin réceptive. S'il est possible de diviser l'énergie en deux catégories, ce sont le yin et le yang : ce sont les deux éléments fondamentaux qui constituent l'énergie. Il est essentiel de les comprendre avant de traiter des cinq éléments. Les énergies yin et yang se retrouvent dans toute la création, y compris dans la conception d'un enfant, où le spermatozoïde et l'ovule s'unissent pour créer un être vivant. Toutes les théories de la création, d'Adam et Ève au Big Bang, impliquent l'union de deux énergies qui en créent une autre, nouvelle et unique. Et le yin et le yang sont également présents au sein de cette nouvelle énergie.

Le yin et le yang sont les deux faces d'une même pièce ; l'un ne peut pas exister sans l'autre. Pensez à un papillon, et à ses deux ailes. Le papillon est l'expression d'une énergie unique, mais il a besoin de ses deux ailes pour voler. Tout naturellement, les êtres humains ont deux jambes et deux bras, et les deux côtés du corps sont nécessaires au maintien de l'équilibre. Quand l'un des deux côtés est blessé, l'autre doit surcompenser, ce qui conduit souvent à un stress supplémentaire et à des blessures. La dualité yin-yang s'efforce toujours de trouver l'équilibre. Trop de yang produit une énergie agressive, tandis que trop de yin aboutit à la stagnation. Quand les deux sont parfaitement équilibrés, on obtient l'harmonie. Le yin et le yang sont présents partout autour de nous. Voici une liste de quelques-unes de leurs caractéristiques les plus communes :

Yang	Yin
Actif	Passif
Soleil	Lune
Jour	Nuit
Été	Hiver
Printemps	Automne
Ciel	Terre
Masculin	Féminin
Naissance	Mort
Haut	Bas
Nouveau	Ancien
Rapide	Lent
Chaud	Froid

On trouve le concept des énergies yin et yang pour la première fois dans le Yi King, traduit par le *Livre des Changements*. Le Yi King a été écrit en Chine ancienne, il y a environ 6 000 ans. Ce livre est la principale autorité du taoïsme et la base de la médecine chinoise. À l'origine, le Yi King ne contenait aucun mot écrit, et consistait uniquement en signes composés de trois lignes, brisées ou pleines, que l'on appelait des trigrammes. Une ligne brisée représente le yin, une ligne pleine représente le yang. Les huit combinaisons possibles de trois lignes ont pris le nom de *pa kua* ou *ba gua*, qui est plus tard devenu la base de la carte Bagua dont on se sert en feng shui.

Avec les temps, les trigrammes ont été doublés, pour faire des signes composés de six lignes, appelés hexagrammes. Ceci a fait passer les combinaisons possible de 8 à 64. Ces combinaisons représentent les possibilités selon lesquelles l'énergie peut se manifester. Les hexagrammes ont été interprétés par divers sages et érudits au fil des milliers d'année. Ces 64 possibilités du Yi King servent maintenant souvent d'outil de divination. Jeter trois pièces de monnaie, et voir de quel côté chaque pièce retombe, est le moyen de plus facile et le plus accessible de se servir du Yi King pour la divination. Face représente la ligne yang (pleine) ; tandis que pile représente la ligne yin (brisée).

Les énergies yin et yang chez les individus

Chacun de nous est constitué à la fois d'énergie yin et d'énergie yang, aussi appelés énergie masculine et énergie féminine. Les hémisphères gauche et droit du cerveau sont une autre expression des énergies yin et yang dans le corps humain. L'hémisphère gauche est le côté yang, masculin, qui contrôle le raisonnement logique et analytique. L'hémisphère droit est le côté yin, féminin, qui nous donne des idées abstraites et intuitives. Chaque hémisphère contrôle le côté opposé du corps, donc le côté gauche du corps correspond à notre énergie féminine, et le côté droit exprime notre énergie masculine. En conséquence, le côté gauche du corps gouverne nos émotions, tandis que le côté droit incarne les actions que nous entreprenons.

Yin et yang.

La plupart des gens ne sont pas conscients de cet équilibre complexe entre le yin et le yang, que nous essayons d'atteindre sur les plans mental, physique et émotionnel ; pourtant, il gouverne nos relations, nos biorythmes, nos activités et à peu près toutes les actions que nous entreprenons (ou pas) chaque jour. Le yin et le yang constituent un facteur essentiel pour déterminer les personnes qui nous attirent. En fait, cette énergie est si omniprésente que nous n'y pensons même pas. Elle est, simplement, comme un pois dans sa cosse. S'il n'y avait pas dans un couple un équilibre yin-yang, les deux personnes ne se seraient jamais rapprochées l'une de l'autre. Si l'équilibre yin-yang de l'un des deux se modifie trop par rapport à celui de l'autre, alors, il s'ensuit une certaine friction dans la relation.

Notre âme essaie constamment de tendre vers un équilibre énergétique parfait de 50 % yin et 50 % yang. Nous n'incarnons qu'une partie de notre énergie, et comme la plupart des gens ont une dominante soit de l'hémisphère droit, soit de l'hémisphère gauche, il en va en général de même pour notre énergie. Puisque la nature cherche constamment un équilibre yin-yang, nous finissons pour la plupart par nous « compléter » (ou essayer de le faire) en trouvant quelqu'un qui nous correspond sur le plan de l'équilibre yin-yang. Par exemple, si vous incarnez 60 % d'énergie yin et 40 % d'énergie yang, vous attirerez quelqu'un qui aura 40 % d'énergie yin et 60 % d'énergie yang. Ce n'est pas étonnant que nous ayons l'impression que quelqu'un nous correspond parfaitement quand nous trouvons ce type de complémentarité ; parce qu'il s'agit essentiellement de l'aboutissement d'une recherche d'unité. Le cercle est complet. La nature s'efforce toujours de trouver l'équilibre. C'est aussi pourquoi tant de parents remarquent souvent que leurs deux enfants ne pourraient pas être plus différents l'un de l'autre. Les énergies qui composent un foyer sont un autre microcosme qui cherche l'harmonie. Chaque enfant est une composante de l'équilibre yin-yang global du foyer. Par exemple, si l'un des enfants est extraverti, l'autre sera en général introverti. C'est peut-être un peu trop simplifié, car il y a d'autres facteurs et influences en jeu dans notre vie. Comme nous le verrons plus loin dans ce livre, il faut aussi tenir compte dans un foyer de l'équilibre des cinq éléments.

Il est facile de voir les énergies yin et yang comme féminine et masculine, respectivement. Mais ces énergies se présentent de bien d'autres façons. Si les hommes ont en général plus d'énergie yang et les femmes plus d'énergie yin, ce n'est pas toujours vrai. Le genre et la sexualité ne sont que l'une des facettes de l'expression du yin et du yang chez les individus. La liste ci-dessous montre d'autres expressions possibles des énergies yin et yang.

Caractéristiques yang pour les individus	**Caractéristiques yin pour les individus**
Extraverti	Introverti
Léger	Lourd
Énervé	Calme
Fort	Doux
Logique	Imaginatif
Rationnel	Intuitif
Aime le changement	Aime le confort
Tend à avoir chaud	Tend à avoir froid
Voix forte	Voix douce
Traits forts	Traits délicats
Hyperactif	Léthargique

Vous vous demandez peut-être pourquoi il est si important d'équilibrer les énergies yin et yang en vous-même, dans vos relations et dans votre famille. Jusqu'ici, nous avons parlé des caractéristiques yin et yang sous leur meilleur jour. Cependant, quand il y a un excès soit de yin, soit de yang, la dysharmonie s'installe. Ci-dessous, une liste des caractéristiques des énergies yin et yang chez les individus lorsqu'elles sont déséquilibrées.

Trop de yang:

- anxiété
- hyperactivité
- peu ou pas d'émotion
- absence du foyer
- distraction
- manque de concentration
- s'inquiète de l'avenir
- en sous-poids

Trop de yin:

- dépression
- léthargie
- hypersensible
- casanier
- désespéré
- s'accroche aux choses
- ressasse le passé
- en surpoids

Les énergies yin et yang sur un terrain

Les énergies yin et yang s'expriment aussi dans des formations naturelles du terrain, des traits géographiques et des paysages naturels et artificiels. Les villes et les régions incarnent aussi des aspects des énergies yin et yang. Selon certains mystiques, le Tibet représenterait le point yang de la Terre, et le lac Titicaca, dans les Andes, représenterait son point yin.

Les pics montagneux sont yang.
Les vallées sont yin.
L'eau est naturellement yin,
Mais elle peut prendre une énergie yang en fonction de sa vitesse.

Les villes présentant une association de collines vallonées, de montagnes et d'eau ont en général un bel équilibre de yin et yang ; par exemple, Vancouver, San Francisco et certaines parties du Sud de la Californie. Naturellement, les villes qui présentent cet équilibre sont aussi riches et prospères, tandis que les villes où il y a un déséquilibre de yin ou de yang ne le sont généralement pas. Le temps peut aussi affecter l'équilibre yin-yang dans certaines régions. Par exemple, les régions pluvieuses sont plus yin, tandis que les régions désertiques sont plus yang. Si vous vivez dans une région qui a une prédominance soit yin, soit yang, il est important de vous servir de votre intérieur pour contribuer à créer un équilibre, comme nous le verrons dans la section suivante.

Les espaces extérieurs et les paysages aménagés connaissent aussi les énergies yin et yang, ce qui peut affecter l'énergie globale de votre foyer. Le soleil (ou son absence) est un facteur majeur pour déterminer combien d'énergie yin et yang un espace extérieur possède. Les zones ombragées sont plus yin, tandis que les zones ensoleillées sont plus yang. Dans le cas de parcelles ombragées, bien tailler les arbres qui sont autour de la maison permettra de faire entrer plus de lumière naturelle, et donc plus d'énergie yang. Avoir des rideaux ajustables aux fenêtres est aussi important, pour laisser entrer autant de lumière naturelle que possible durant la journée . Les maisons situées dans des zones sèches et désertiques, ou là où il y a peu d'arbres, seront principalement yang, et auront besoin de plus d'énergie yin. L'aménagement paysager permet d'ajouter plus d'ombre, tout comme l'installation de plus de stores.

Voici d'autres façons pour le yin et le yang d'apparaître dans un espace extérieur et un jardin aménagé :

Caractéristiques yang : extérieur	**Caractéristiques yin : extérieur**
Peu ou pas d'arbres	Beaucoup d'arbres et de buissons
La porte d'entrée est visible de la rue	La porte d'entrée n'est pas visible
Beaucoup de lumière entre par les fenêtres	Les fenêtres sont cachées par la végétation
Ensoleillé	Ombragé
Rue animée	Parcelle retirée
Fleurs de couleur vive	Beaucoup de lierre et de verdure
Éclairage d'extérieur/barbecue	Plans d'eau, etc. en extérieur
Meubles de jardin en métal et en verre	Meubles de jardin rembourrés
Allées droites	Allées incurvées
Paysage sec	Paysage humide
Pierre	Terre ou paillis
Exposition au sud	Exposition au nord

Les énergies yin et yang dans un intérieur

Vous voyez maintenant que les énergies yin et yang sont partout, au niveau macro comme au niveau micro. L'équilibre de votre environnement, de votre personnalité et des personnes qui vous entourent joue un rôle dans l'équilibrage de cette balance énergétique. Vous ne serez donc pas surpris d'apprendre que votre intérieur y joue aussi un rôle. En fait, vous pouvez vous servir de votre intérieur pour équilibrer votre propre énergie afin d'avoir dans votre vie plus d'harmonie et plus d'équilibre général. C'est le but du feng shui.

Il y a en feng shui une règle générale : votre foyer devrait avoir approximativement 60 % d'énergie yang et 40% d'énergie yin. La variable, c'est la manière dont le yin et le yang apparaissent dans l'espace. Une maison à Palm Springs, ville sèche et désertique, commence avec environ 90 % d'énergie yang, et a besoin de plus de yin dans l'espace. En revanche, il faut beaucoup de travail pour faire entrer plus de yang dans une maison située au milieu des forêts humides de l'Oregon.

Il faut aussi prendre en considération la personnalité des occupants. Les individus qui présentent une énergie yin (qui ont peut-être tendance à la dépression ou à la léthargie) devront mettre plus d'énergie yang dans leur intérieur ; et ceux qui ont tendance à l'hyperactivité auront besoin de plus d'énergie yin, ou au moins de quelques pièces yin pour contribuer à équilibrer leur énergie. Ceci peut expliquer pourquoi les « man caves »[1] sont si populaires, car les hommes ont en général une prédominance d'énergie yang. En rentrant chez soi après une journée de travail dans un bureau chargé d'activité yang, cette « cave » yin est un moyen idéal de retrouver l'équilibre. En fait, on devrait l'appeler « yin cave » au lieu de « man cave ».

Dans le cas (inévitable) où les divers occupants ont des traits de personnalité yin-yang différents, il est important d'avoir des espaces

1. NdT : aux États-Unis, on appelle « man cave » un espace de la maison qu'un homme se réserve pour son usage personnel, aménagé et décoré exclusivement selon ses goûts, en général situé dans la cave de la maison ou dans le garage.

yin et yang répartis dans la maison. Par exemple, un enfant hyperactif, présentant beaucoup d'énergie yang, devrait avoir dans sa chambre des couleurs apaisantes, des stores qui réduisent ou bloquent la luminosité, des tissus doux et des finitions intérieures délicates. Dans l'idéal, les parties communes devraient avoir un équilibre yin-yang pour que tout le monde s'y sente à l'aise.

Naturellement, les énergies yin et yang sont présentes dans tous les aspects d'un intérieur. Les matériaux, les finitions, les objets décoratifs, les couleurs et les textures ont tous des propriétés des énergies yin et yang. Considérez votre foyer en gardant à l'esprit les énergies yin et yang. Faites le tour des pièces, et remarquez s'il y en a qui vous donnent une impression plus yin ou plus yang. Le premier indice sera la manière dont la lumière naturelle entre dans la pièce. La quantité de lumière artificielle est un autre facteur important. Ensuite, observez les finitions, les meubles et les accessoires. Consultez le tableau suivant pour voir comment les finitions intérieures expriment les énergies yin et yang.

Caractéristiques yang : intérieur	**Caractéristiques yin : intérieur**
Blanc, tons clairs et brillants	Noir, brun, couleurs sombres
Décor multicolore	Décor monochrome
Rideaux et stores légers, simples ou inexistants	Fenêtres lourdement couvertes
Fenêtres nombreuses et/ou de grande taille	Fenêtres peu nombreuses et/ou petites
Meubles légers	Meubles lourds
Espace ouvert	Espace encombré
Plan d'étage ouvert	Pièces compartimentées
Meubles verticaux	Meubles horizontaux
Éclairage naturel et vif	Éclairage d'ambiance, tamisé

Usage léger des tissus (draperies)	Usage lourd de tissus (coussins, couvertures, etc.)
Bois dur, carrelage, sol stratifié	Tapis épais et moquette
Plafond haut	Plafond bas
Styles minimaliste, moderne, contemporain	Styles traditionnel, victorien, colonial
Surfaces dures et lisses	Surfaces absorbantes
Peu de portes intérieures	Beaucoup de portes intérieures
Plafond clair	Plafond sombre
Terrasse ouverte	Véranda couverte
Avant de la maison	Arrière de la maison

Le yin et le yang sont vraiment à la base de tout ce qu'il y a sur notre planète et dans notre vie, qu'il s'agisse de nos relations, de notre dynamique familiale ou même de nos sautes d'humeur. Quand vous regardez votre environnement du point de vue du yin et du yang, vous pouvez commencer à procéder à des ajustements basés sur votre propre équilibre interne. Par exemple, maintenant, vous pouvez faire plus attention aux moments où vous préférez une pièce active et ensoleillée dans votre maison, plutôt qu'un coin confortable et tranquille.

Vous pouvez maintenant commencer à vous servir des principes des énergies yin et yang pour créer un environnement plus complémentaire à votre propre énergie. Dans le chapitre suivant, nous allons analyser plus en détails les énergies yin et yang telles qu'elles s'expriment par les cycles des cinq éléments. Vous aurez ainsi à votre disposition encore plus de moyens de créer un beau sanctuaire où vous vous sentirez bien.

CHAPITRE DEUX – Caractéristiques des cinq éléments

Les énergies yin et yang se manifestent aussi dans le cycle de la naissance et de la mort. Si le yang représente la naissance, le yin est la mort ; et ce processus se répète encore et encore. Ce cycle peut être subdivisé en cinq phases appelées les cinq éléments. Chaque élément représente une étape, ou une énergie spécifique, dans le processus de naissance et de mort. C'est le cycle de la vie (ou du changement) par lequel passe tout ce qui est dans notre Univers. Le paradoxe, c'est que sans la mort, la naissance et l'expansion de l'énergie ne seraient pas possibles. Les cinq éléments sont :

- le Bois
- le Feu
- la Terre
- le Métal
- l'Eau

Le yin et le yang font intrinsèquement partie des cinq éléments : le Bois et le Feu sont des éléments yang, le Métal et l'Eau sont des éléments yin, et la Terre est considérée comme étant un équilibre de yin et de yang. Le Bois débute le cycle de croissance du yang, qui atteint sa pleine manifestation dans la phase Feu. Quand l'énergie entre dans les phases du Métal, puis de l'Eau, elle devient peu à peu plus yin. On considère que l'élément Terre est l'état d'équilibre du yin et du yang, quand l'énergie effectue sa transition du yang au yin.

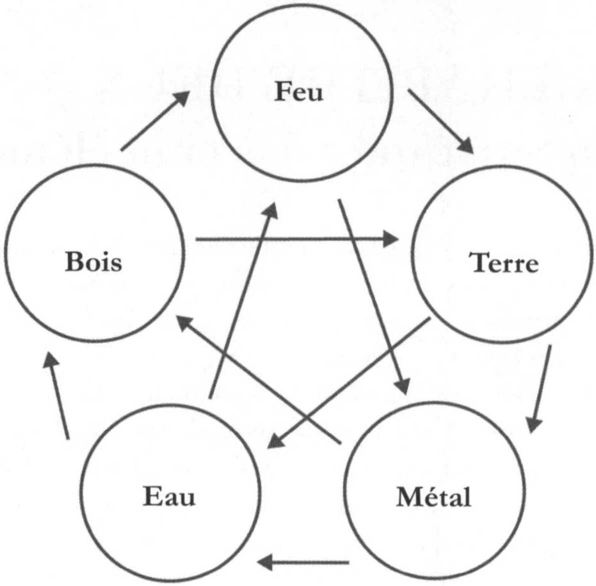

Les cinq éléments.

En numérologie, le nombre 5 représente le changement. Il n'est donc pas surprenant qu'il y ait cinq éléments constituant ce cycle de changement. On confond souvent les cinq éléments du taoïsme avec les cinq éléments de l'astrologie indienne et les quatre éléments de l'astrologie occidentale. En astrologie indienne, qui est basée sur les traditions védiques, il y a cinq éléments qui étaient à l'origine basés sur les cinq planètes : l'Eau (Vénus), le Feu (Mars), la Terre (Mercure), l'Air (Saturne) et l'Éther (Jupiter).

En astrologie occidentale, il y a quatre éléments qui sont le Feu, l'Eau, la Terre et l'Air. S'il y a certains recoupements, particulièrement quand il s'agit des liens entre les éléments et les types de personnalité, les systèmes sont différents. En astrologie occidentale, les éléments représentent les quatre saisons et les quatre directions. Il y a trois signes astrologiques de chaque élément : Eau – Scorpion, Cancer et Poissons ; Feu – Lion, Bélier et Sagittaire ; Air – Gémeaux, Verseau et Balance ;

Terre – Taureau, Vierge et Capricorne. La principale différence entre les cinq éléments du taoïsme et les autres systèmes d'éléments est que les cinq éléments fonctionnent comme un cycle qui crée changement et expansion. Comme vous le verrez, les cinq éléments ont des cycles d'engendrement (ou de construction) et de destruction, ce qui assure une croissance qui se fait à un rythme harmonieux et viable.

En général, nous ne voyons pas la mort comme un processus de croissance, mais elle est pourtant essentielle ; sans le yin, le yang est incomplet, et l'un et l'autre sont des composantes nécessaires de l'ensemble. Même si nous parlons de mort dans le cadre de ce processus, en réalité, l'énergie ne meurt jamais. L'énergie se transforme, se courbe, se contracte, se rétracte, se déploie, se recycle et se déplace : vous pouvez utiliser presque tous les verbes qui vous viennent à l'esprit. La mort n'est qu'un aspect de l'énergie qui prend une autre forme. Cette étape du cycle des cinq éléments est celle de l'Eau. C'est d'ordinaire la phase qui nous plaît le moins, et que nous pouvons même essayer d'éviter à tout prix. En général, nous associons des connotations négatives ou tristes à la fin et à la mort.

Il est particulièrement pénible d'admettre la perte de quelqu'un, de quelque chose ou même d'une situation, parce que la vie telle que nous la connaissons ne sera plus jamais la même. En termes scientifiques, l'énergie a changé d'état. Il est difficile d'accepter la perte, en particulier quand nous n'y sommes pas préparés, ou que nous ne souhaitons pas qu'une chose prenne fin. Ceci se produit à tous les niveaux, même dans les activités quotidiennes.

Par exemple, le dimanche après-midi, j'aime aller à la plage. Je prépare mon sac, j'y mets mon livre préféré, des écouteurs et de la crème solaire. Je suis toujours surexcitée et je m'y rends en voiture avec une anticipation croissante. J'arrive à la plage et je m'amuse. Après quelques heures, mon enthousiasme diminue et je commence à me sentir fatiguée. Même si j'ai pleinement apprécié cette expérience (sans oublier que j'y mets fin librement), je ne peux pas m'empêcher d'être un peu triste en rentrant chez moi, parce que ma journée à la plage est terminée.

Nous avons peut-être tous en nous un enfant de deux ans qui résiste à l'idée de passer d'une activité à une autre. Si nous acceptons que toutes les bonnes choses ont une fin, et si nous nous souvenons que d'autres bonnes choses vont arriver, ces transitions ne seront peut-être pas si douloureuses. En fait, la prochaine fois que j'irai à la plage, ce sera peut-être encore mieux. Nous sommes en expansion constante ; peut-être que la prochaine fois, j'emporterai à manger et que j'inviterai un ami. Les cinq éléments sont aussi présents dans le cycle du développement humain au fil des années.

C'est un autre exemple de la préférence de notre société pour les premières phases du cycle, c'est-à-dire la jeunesse, plutôt que les dernières, la vieillesse. Tout comme je n'ai pas envie de rentrer chez moi après être allée à la plage, nous voulons ne jamais vieillir. Notre société apprécie et glorifie l'énergie yang beaucoup plus que l'énergie yin. Mais il y a de la beauté dans la sagesse et la pondération qui viennent quand on prend de l'âge, quand on devient yin.

L'enfance représente la phase Bois ; l'adolescence et le début de l'âge adulte sont la phase Feu ; la maturité est la phase Terre ; la fin de la maturité et le troisième âge sont la phase Métal. Nous retournons tous à la source dans la phase de la fin de vie et de la mort, celle de l'Eau, où recommence aussi la conception. Les saisons, les heures du jour, l'âge, les cycles de la lune, les projets et virtuellement tout ce qui est abstrait ou physique passe par ce cycle élémental. Même les idées, les entreprises et les projets créatifs prennent cette forme. Une idée naît dans la phase Eau, commence à se manifester sous forme physique dans la phase Bois, se manifeste pleinement dans la phase Feu, est alimentée dans la phase Terre et elle est raffinée jusqu'à son aboutissement dans la phase Métal.

Les cinq éléments sont en général représentés comme commençant avec le Bois et se terminant avec l'Eau. Cependant, il s'agit d'un cycle ; il n'a donc ni commencement, ni fin. L'Eau est la phase où l'énergie est transformée et passe de ce que nous appelons la mort à ce que nous appelons la naissance, c'est-à-dire la renaissance, et on peut la voir comme le commencement et la fin du cycle. L'élément Bois est la phase dans laquelle nous commençons à voir les manifestations physiques de l'énergie, et on considère donc qu'il est le premier des cinq éléments. Le Bois est le début du cycle yang, similaire à l'éveil de l'énergie que l'on voit au début du printemps, après les longues ténèbres de l'hiver. Même si toute création démarre avec l'Eau, nous commencerons avec l'énergie Bois du printemps.

Caractéristiques de l'élément Bois

L'élément Bois représente la nouvelle croissance, les nouveaux commencements. Comme le printemps, il est la poussée de croissance du début de la phase yang. L'énergie du Bois est représentée par la période de la journée qui va du lever du soleil au milieu de la matinée, quand le soleil fait son apparition après la sombre phase yin de la nuit. L'élément Bois transforme l'énergie stockée par l'élément Eau en une forme physique ; c'est le premier élément à se manifester de façon visible.

Saison : printemps
Moment de la journée : du lever du soleil au milieu de la matinée
Couleur : vert
Climat : venteux
Direction : est
Stade de développement : de la naissance à l'enfance
Réseau organique : foie

L'élément Bois représente tous les nouveaux commencements, qu'il s'agisse d'un projet commercial, de l'introduction d'une histoire ou des fondations d'une maison. L'élément Bois prend les idées de la phase Eau et les convertit en réalité. Une idée débute dans la phase Eau, où l'intuition, la perception et l'introspection sont au maximum ; mais c'est dans la phase Bois qu'elle prend forme dans notre monde tangible.

On se sert souvent de l'image d'un arbre pour décrire l'élément Bois, et la couleur associée à cet Élément est le vert, l'un et l'autre représentant la croissance. Le climat associé à l'élément Bois est le vent. L'expression « les vents du changement » décrit bien l'énergie transformative du Bois.

Cet élément est comme un agent du changement. Comme nous sommes au commencement de la phase yang, le changement est inévitable dans la phase Bois. Quand un arbre est bien enraciné (avec le soutien des autres éléments), il peut supporter des vents puissants. Ses branches sont flexibles et se ploient aisément pour permettre sa croissance. C'est ce qui rend l'élément Bois adaptable dans la phase de nouvelle croissance, tout comme le crâne encore souple d'un nouveau-né. Mais si l'élément Bois n'est pas correctement soutenu, le vent est l'ennemi mortel de l'élément Bois. Le Bois a besoin de la Terre pour établir des fondations en faisant pousser ses racines. C'est la beauté du cycle des cinq éléments dont il sera question dans le prochain chapitre. Chaque élément a un rôle unique à jouer dans ce cycle, mais il est aussi dépendant de tous les autres.

Tous les éléments sont nécessaires au succès de l'ensemble, mais on reconnaît souvent à l'élément Bois l'importance de faire passer l'énergie de la phase yin à la phase yang. C'est la phase de l'action. Sans action, l'énergie serait incapable de bouger, de se manifester et de prendre une forme physique dans notre monde. Nous aurions bien le réservoir d'énergie qui a créé l'Univers, mais il n'existerait aucune étoile, aucune planète, ni aucune forme de vie. L'élément Bois met en place le mouvement, et celui-ci passe ensuite à la phase Feu, où se produit la pleine manifestation de l'énergie.

Caractéristiques de l'élément Feu

Le Feu représente l'énergie à son apogée. Toute l'énergie emmagasinée durant la phase Eau, et produite durant la phase Bois, est enfin pleinement manifestée dans la phase Feu. Cet élément incarne l'énergie yang à son maximum. Le soleil est la principale source de l'élément Feu sur notre planète et dans notre système solaire. Aucune vie ne pourrait exister sans le soleil. L'énergie yang du soleil est la force vitale sous sa forme la plus pure et la plus concentrée. On fait plus communément l'expérience de l'élément Feu sous l'apparence du feu, au sens littéral : une combustion chimique qui libère de la chaleur, de la lumière et d'autres sous-produits qui contribuent à l'embrasement.

Le feu sert souvent de métaphore pour le processus de transformation en raison de la rapidité avec laquelle il transforme la matière physique en cendre. C'est pourquoi on se sert souvent du feu dans des cérémonies, pour laisser aller ce qui n'a plus sa place sous forme physique, et le rendre à la Terre Mère pour qu'elle le recycle. Le Feu est représenté par la saison de l'été, quand notre hémisphère reçoit le plus de lumière solaire. La période du jour associée au Feu est le midi, quand le soleil est au zénith. La couleur associée au Feu est, bien sûr, le rouge, comme un brasier ardent.

Saison : été
Moment de la journée : midi
Couleur : rouge
Climat : chaud
Direction : sud
Stade de développement : de l'adolescence au début de l'âge adulte
Réseau organique : cœur

Il y a quelque chose dans l'élément Feu qui nous attire particulièrement ; et par certains côtés, notre culture est dépendante de la phase Feu. C'est la poussée d'énergie qui semble être le plus attirant. Par exemple, c'est en général l'âge où nous sommes le plus séduisant, où nous nous sentons le mieux. C'est le point d'un projet où tous les morceaux s'imbriquent les uns dans les autres, et où l'enthousiasme est au plus haut. L'élément Feu est comme un orgasme énergétique : tout ce qui est avant la phase Feu est comme une montée en pression, et tout ce qui vient après est un déclin de l'énergie. C'est pour ressentir l'élément Feu que nous faisons du sport et de l'exercice. C'est pour ressentir le rush de l'élément Feu que nous buvons de la caféine. Nos programmes surchargés indiquent une addiction au Feu. Le problème, cependant, c'est que le feu finit par s'éteindre. Il ne peut pas durer éternellement. Nous devons toujours finir par céder au yin, et par laisser derrière nous l'élément Feu, que nous le voulions ou non.

Tout comme l'été se transforme lentement en automne, l'élément Feu cède la place à l'élément Terre. Vous pouvez imaginer ce que vous ressentez quand vient octobre, quand vous avez enduré la chaleur pendant plusieurs mois, et que vous êtes enfin prêt pour un peu de fraîcheur. C'est exactement ainsi que l'élément Feu fonctionne. La chaleur devient si intense que les mouvements qu'elle a pu créer ralentissent presque jusqu'à la stagnation. Il nous arrive la même chose si nous dépensons notre énergie au-delà du point d'épuisement. Nous finissons par faire du sur-place, par n'aboutir à rien. Il devient impossible de continuer au même rythme. L'énergie yang a atteint son maximum, et elle est forcée de se transformer en l'élément Terre.

Caractéristiques de l'élément Terre

L'élément Terre est le parfait équilibre des énergies yin et yang. C'est le point de transition du yang au yin où l'équilibre se produit. L'élément Terre est représenté par l'équinoxe d'automne (et par l'équinoxe de printemps), où le jour et la nuit sont de durée égale. Il est aussi associé à la fin de l'été, qu'on appelle la période des canicules, où la chaleur et l'humidité de l'été se sont tant accumulées qu'elles produisent la stagnation. S'il vous est déjà arrivé de vous rendre dans le sud des États-Unis en août et en septembre, vous avez connu ce sentiment d'être immobilisé par la chaleur et par l'humidité. Tout mouvement semble s'arrêter en comparaison avec l'agitation et le dynamisme du début de l'été. La phase Terre est le point tranquille où le mouvement et le changement font une pause.

Saison : fin de l'été ; équinoxes d'automne et de printemps
Moment de la journée : après-midi
Couleurs : jaune, orange
Climat : humide
Direction : centre
Stade de développement : maturité
Réseau organique : rate

Si vous prenez l'exemple du jardinage, l'élément Terre est le sol qui maintient la plante en place pour qu'elle puisse pousser correctement. L'élément Bois, sous la forme d'une plante ou d'un arbre, ne peut pousser que s'il est ancré et nourri par l'élément Terre. L'élément Terre a en lui l'énergie de l'ancrage. C'est l'ingrédient nécessaire pour que le changement se produise à un rythme gérable. L'élément Terre aime le *statu quo* ; au point qu'il n'y ait plus aucun changement. Le paradoxe, c'est que ce n'est qu'avec le *statu quo* qu'il peut y avoir du changement. Il doit y avoir un contraste d'énergie pour qu'il puisse y avoir mouvement. C'est l'élément Terre qui donne à l'arbre, à la plante, au projet ou à l'individu les soins nécessaires pour permettre croissance et expansion. L'élément Terre est le récipient qui doit être en place pour que le changement puisse se produire ; la plate-forme sur laquelle tout se produit.

L'élément Terre est la phase dans laquelle les énergies yang et yin s'équilibrent. L'énergie passe de l'immobilité à la décroissance en effectuant la transition de la Terre au Métal. L'état d'équilibre de la Terre peut sembler idéal, et il l'est, mais l'énergie doit continuer de circuler pour permettre changement et expansion ; un processus essentiel à la vie sur Terre.

L'Univers est en expansion constant, et ce sont les phases des cinq éléments qui permettent à la vie de rester en harmonie avec cette expansion constante. Donc, si le but est bien l'équilibre parfait entre le yin et le yang, nous devons pour l'atteindre suivre le mouvement des cycles. En fait, c'est en faisant l'expérience du cycle tout entier qu'on finit par obtenir l'équilibre du yin et du yang. La contraction est essentielle pour permettre l'expansion. C'est le rôle de l'élément Métal. Quand l'énergie entre dans la phase Métal, elle commence à se retirer, et elle est diminuée et raffinée jusqu'à sa forme la plus pure et la plus efficace.

Caractéristiques de l'élément Métal

Quand l'été touche à sa fin et qu'arrive l'automne, l'air est plus frais, les feuilles se flétrissent et ce qui reste d'énergie est dépensé avant la venue de l'hiver. Nous commençons à retirer notre énergie en nous-mêmes, à passer plus de temps à l'intérieur, par opposition à la puissante libération d'énergie que nous avons connue durant les mois d'été. L'élément Métal est représenté par l'automne et le ralentissement de l'énergie. Le moment de la journée associé au Métal est le crépuscule, les dernières lueurs du soleil avant l'obscurité de la nuit.

Le Métal est le commencement de la phase yin avant la pleine expression du yin dans la phase Eau. Le Métal contracte l'énergie, préparant l'aboutissement final. Dans le cas d'un projet, on peut voir la phase Métal comme la phase de révision. Par exemple, quand j'aurai écrit ce livre, il passera par une phase de révision avant d'être entièrement terminé. L'idée initiale qui m'est venue pour ce livre peut être représentée par la phase Eau, la rédaction du plan est la phase Bois, l'écriture est la phase Feu et la révision est la phase Métal.

L'élément Métal raffine, organise, clarifie et purifie les énergies existantes. En d'autres termes, il apprivoise l'énergie sauvage de l'élément Feu. Il est le tisonnier dont on se sert pour contrôler et manipuler le brasier ardent, l'épée qui trace la ligne dans le sable et la perle de sagesse qui se forme dans une huître. L'élément Métal apporte de l'ordre dans ce qui sans lui serait chaos.

Quand les cinq éléments passent du yang au yin, l'énergie passe d'une expression extérieure à une expression intérieure. L'élément Métal est le commencement de la phase yin, où l'énergie commence à se contracter, à être attirée vers l'intérieur. Le sel est un exemple de l'élément Métal. Le sel est connu pour sa capacité à faire sortir les toxines ; c'est pourquoi les sels d'Epsom sont connus pour leurs qualités relaxantes et détoxifiantes. Le jeu des éléments Métal et Eau est incarné dans l'océan, et l'eau salée est le mélange de ces deux éléments. L'eau salée de nos océans est le produit de millions d'années de frottement de l'eau sur des rochers, en général volcaniques. Le sel lui-même est un sous-produit du rocher, résultat de l'interaction des éléments Feu et Terre.

Saison : automne
Moment de la journée : crépuscule
Couleurs : blanc, argent
Climat : sec, aride
Direction : ouest
Stade de développement : vieillesse
Réseau organique : poumon

Les métaux sont parmi les matériaux les plus prisés et les plus respectés sur Terre. Il n'est pas étonnant qu'on les nomme souvent « précieux ». Les métaux sont utilisés à des fins fonctionnelles dans la construction de bâtiments, sous la forme de canalisations en cuivre et de poutrelles d'acier, ainsi qu'à des fins décoratives, comme bijoux. Il y a sur notre planète une quantité finie de certains métaux, d'où leur coût toujours plus élevé. On considère que les minéraux et les cristaux appartiennent à l'élément Métal, et on s'en sert souvent pour leurs pouvoirs et leurs énergies uniques, comme nous le verrons plus en détail au chapitre 15.

Les entreprises se servent de l'intelligence des cristaux de quartz pour donner l'heure dans les montres et les ordinateurs, tandis que les mystiques se servent des cristaux pour charger des lieux et établir des intentions. Dans les deux cas, c'est l'énergie de l'élément Métal qui est utilisée pour concentrer l'énergie de manière organisée et raffinée. La forme la plus pure de l'énergie est extraite durant la phase Métal, comme dans le processus alchimique où l'on transforme le plomb en or. Une fois la version la plus pure et la plus raffinée de l'énergie atteinte, on entre dans la phase Eau, celle de l'aboutissement.

Caractéristiques de l'élément Eau

Dans de nombreuses traditions, de nombreux récits et même en science, on dit que la vie sur Terre a commencé dans l'océan. Dans la mythologie inca, le dieu Viracocha s'est élevé du lac Titicaca et, tout comme dans le mythe de la création de la Genèse, a créé la vie sur Terre telle que nous la connaissons. Selon certains scientifiques également, la vie a commencé dans l'eau, sous la forme de minuscules microorganismes. Nous autres, êtres humains, sommes composés d'eau à 60 % environ, notre cerveau étant fait de 70 % d'eau, nos poumons de 90 % d'eau et notre sang de 80 % d'eau. En accord avec la philosophie taoïste, notre planète est, elle aussi, composée à 70 % de l'eau des océans.

On dit souvent que l'Eau est le dernier des cinq éléments. Par certains côtés, c'est tout à fait exact, parce qu'elle représente l'aboutissement et la mort. L'Eau est l'essence la plus pure de l'énergie yin. Tout naturellement, elle est représentée par la saison de l'hiver, quand la plupart des êtres vivants meurent ou hibernent. Mais la renaissance est inhérente à la mort, et dans l'aboutissement réside un nouveau commencement. L'élément Eau contient l'énergie de la mort et de la renaissance. En hiver, les plantes meurent, les mauvaises herbes disparaissent et de nouvelles graines sont plantées. C'est au printemps que ces graines commenceront à germer et montreront les premiers signes de manifestation.

Saison : hiver
Moment de la journée : minuit
Couleurs : noir, bleu marine
Climat : froid
Direction : nord
Stade de développement : mort
Réseau organique : rein

L'élément Eau est le noyau d'énergie qui donne la vie. Cette énergie est un sous-produit recyclé de l'énergie qui est parvenue précédemment à son terme. Dans le cas de l'énergie de notre âme, au moment de la mort, elle passe dans une autre dimension, tandis que notre corps physique est rendu à la terre, dans une tombe ou sous forme de cendres. L'énergie de l'âme qui poursuit son chemin est raffinée et transformée dans l'après-vie pour un nouveau commencement.

Il est facile de sous-estimer le pouvoir de l'énergie yin, parce que c'est un pouvoir calme. Mais l'élément Eau nous rappelle à quel point l'énergie yin est puissante. C'est le vide à partir duquel tout est créé. Si vous avez déjà fait l'expérience des vagues de l'océan, alors, vous connaissez le pouvoir de l'eau. De même, si vous vous êtes rendu au Grand Canyon ou près d'autres formations géographiques sculptées par l'eau, vous pouvez voir comment la force de l'eau peut façonner la terre avec le temps. Vous avez peut-être même fait l'expérience du pouvoir de l'eau chez vous, sous la forme d'une fuite. Rien ne peut faire autant de dégâts aussi vite qu'une fuite d'eau. D'un autre côté, l'eau a aussi des propriétés apaisantes. Il n'y a rien de plus relaxant que le bruit des vagues qui s'écrasent sur le rivage, le murmure d'une fontaine d'intérieur ou d'un aquarium.

Comme l'hiver cède la place au printemps, nous voyons surgir de terre les premières pousses. Le printemps est un moment d'éveil. Les animaux en hibernation commencent à ouvrir les yeux, les bourgeons font leur apparition sur les arbres et le sol dégèle après le froid de l'hiver. Pour ceux qui vivent sous des climats tempérés, c'est comme un retour à la vie. C'est un moment de l'année où l'on agit sur la base des idées et des réflexions qui sont venues dans l'obscurité de l'hiver. Comme le moment le plus sombre de la nuit, juste avant le lever du soleil, l'hiver est le moment où le voile entre le ciel et la terre est le plus mince. C'est à cette période que viennent à nous les intuitions, les idées et les informations. Cette réserve informe d'énergie est maintenant prête à être libérée dans le monde physique de la manifestation : l'élément Bois. Et le cycle peut recommencer.

Chaque élément a ses propres caractéristiques, mais c'est la manière dont ils travaillent tous en interrelation qui est la clé. De même que les cinq joueurs d'une équipe de basket doivent travailler ensemble, les cinq éléments ont tous besoin les uns des autres pour permettre la création et l'expansion. Chacun d'eux joue le rôle qui lui revient pour le plus grand bien de toute l'équipe. Dans le chapitre suivant, vous découvrirez comment les éléments œuvrent ensemble dans les cycles de construction et de destruction pour permettre une croissance équilibrée.

CHAPITRE TROIS – Les cycles des cinq éléments

Vous avez maintenant une idée assez précise des caractéristiques de chacun des cinq éléments ; mais ce n'est pas tout. Le plus intéressant, c'est l'interaction entre les éléments. Elle se fait selon deux cycles principaux : le cycle d'engendrement (ou de construction) et le cycle de destruction. Ces deux cycles sont tout aussi importants l'un que l'autre pour atteindre une croissance harmonieuse. Le cycle des cinq éléments lui-même est la principale différence entre les cinq éléments du taoïsme et les autres systèmes d'éléments en astrologie occidentale et védique.

Imaginez un instant que chaque individu soit de l'un des cinq éléments, avec ses propres talents. Puis, réunissez plusieurs personnes. Vous aurez un échange d'énergies qui pourra être fructueux ou non, suivant le mélange obtenu ; c'est ce qui se passe dans d'innombrables bureaux. Quand un chef d'entreprise engage quelqu'un, il ne prend pas en considération uniquement les compétences de cette personne ; il est important également de savoir si elle va s'intégrer à son équipe. Il en va de même pour une équipe sportive. Un entraîneur tient compte du mélange de talents et de personnalités pour constituer une équipe bien équilibrée. Par exemple, si une équipe de basket n'était composée que d'arrières, il y aurait un manque pour les autres postes, sans parler du fait qu'ils entreraient rapidement en compétition, ce qui aurait un effet négatif sur le moral de l'équipe.

Si vous avez déjà jardiné, ou même simplement entretenu une plante, vous avez déjà fait l'expérience du cycle des cinq éléments. Et si vous avez déjà tué une plante, vous connaissez le cycle de domination (ou de destruction), le déséquilibre des cinq éléments. En termes de jardinage, la fleur ou la plante elle-même représente l'élément Bois, et la terre où vous plantez la fleur est l'élément Terre. Bien sûr, la terre doit avoir la teneur correcte en minéraux, ce qui est l'élément Métal. Toutes les plantes ont besoin de soleil et d'eau, qui sont respectivement les éléments Feu et Eau.

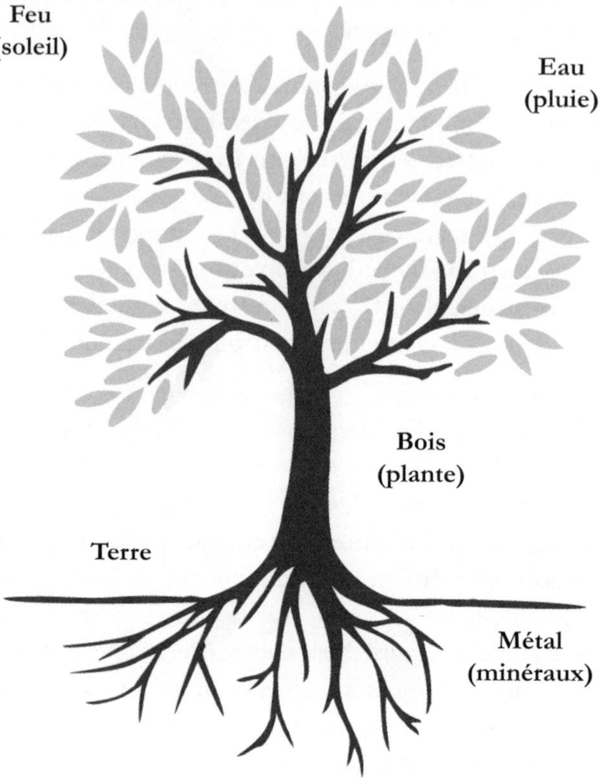

Comment les cinq éléments travaillent ensemble.

Pour que la plante puisse se développer selon son potentiel maximal, les cinq éléments doivent tous être équilibrés. Si vous arrosez trop une plante, elle mourra. Si vous l'arrosez trop peu, elle mourra. Bien sûr, la quantité d'eau nécessaire dépend de l'ensoleillement (Feu). Si la plante n'a pas assez de sol (Terre), elle ne pourra maintenir sa croissance ; et si la teneur en minéraux du sol ne lui convient pas, elle ne se développera pas selon son potentiel maximal. Réussir à faire pousser une plante est une science exacte ; un équilibre des cinq éléments. Les cycles de construction et de destruction sont essentiels à ce processus.

Les mots « construction » et « destruction » ont en général des connotations respectivement bonnes et mauvaises dans notre façon de parler. En termes d'énergie, il est important de rappeler que cette distinction n'existe pas ; qu'il n'y a pas de bien ou de mal absolu. Les deux cycles contribuent à produire l'équilibre et l'harmonie. Un meilleur moyen de voir ces cycles est que le cycle de construction (ou d'engendrement) augmente l'énergie et le taux de croissance, tandis que le cycle de destruction diminue l'énergie et le taux de croissance[2]. Si le cycle d'engendrement est trop actif, la croissance se produit si rapidement qu'elle n'est pas viable, et finit par s'épuiser. Par exemple, quand on met trop de bûches sur un feu. Le bois rend le feu plus fort, sauf s'il y en a trop, ce qui l'amène à s'éteindre. Si le cycle de destruction est trop actif, toute croissance, et même toute vie, prend fin. L'entropie s'installe, et la vie s'arrête. Et dans le cycle de domination, l'un des éléments (ou plus) s'attaque à un autre, affaiblissant ainsi le processus. Ce n'est que par la combinaison des cycles de construction et de destruction que l'on peut avoir un changement productif.

Le cycle d'engendrement

Le cycle d'engendrement est l'interaction des cinq éléments qui produit de l'énergie et entraîne l'expansion. Chaque élément dynamise le suivant à sa manière pour créer davantage d'énergie. La relation des éléments dans le cycle d'engendrement est la suivante :

- L'Eau nourrit le Bois
- Le Bois alimente le Feu
- Le Feu crée la Terre

2. Quand les deux cycles fonctionnent correctement, il en résulte une croissance viable.

- La Terre produit le Métal
- Le Métal enrichit l'Eau

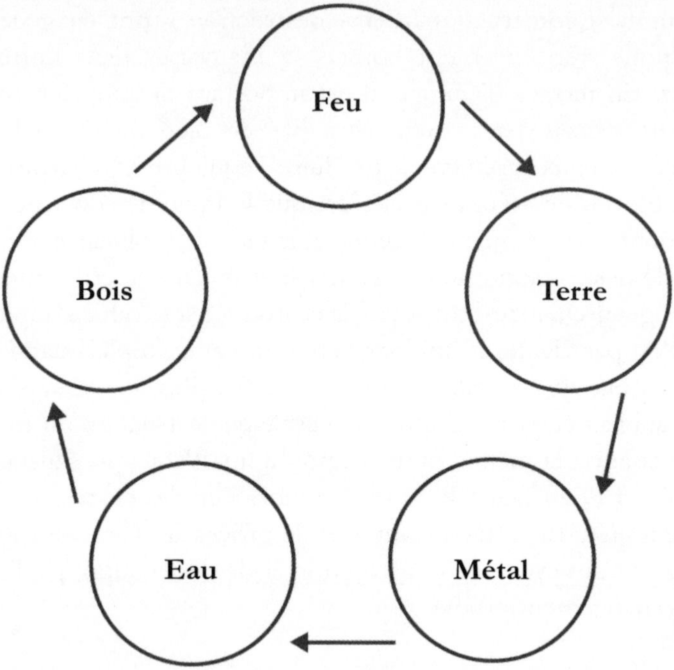

Le cycle d'engendrement.

L'Eau nourrit le Bois

Pour se représenter cette phase, le plus facile est de penser à une plante qu'on arrose. Toutes les plantes ont besoin d'eau pour pousser, et puisque le Bois est le principal élément de croissance, l'Eau est essentielle à la croissance du Bois. Sans eau, le bois perdrait sa force vitale et s'assécherait. D'un autre côté, point trop n'en faut : si vous arrosez trop une plante, elle mourra aussi. L'équilibre est donc nécessaire, même à l'intérieur des cycles eux-mêmes.

Si vous avez vu la forêt pétrifiée d'Arizona, vous avez pu voir ce qui se passe quand le bois manque d'eau. Les arbres déracinés par une inondation se sont changés en pierre quand le climat est devenu désertique. Il a fallu du temps (environ 225 millions d'années), mais l'élément Bois s'est transformé en l'élément Métal (pierre) à cause du manque d'Eau et de l'ajout de Feu (le soleil).

Le Bois alimente le Feu

Que nous en soyons conscients ou pas, nous avons tous fait l'expérience des cinq éléments. À chaque fois que vous faites un feu et que vous y ajoutez une bûche, vous perpétuez le cycle d'engendrement. Ajouter du bois sur un feu va raviver ses flammes. Quand on ajoute l'énergie yang du Bois à l'élément Feu, il devient encore plus dynamique. C'est à ce moment-là que l'énergie devient la plus forte expression du yang dans le cycle des cinq éléments. Mais tout comme trop d'eau peut tuer une plante, trop de bois sur un feu va l'étouffer et l'éteindre. La nature favorise la croissance, mais de façon contrôlée.

Le Feu crée la Terre

Au début, j'ai eu du mal à comprendre cette phase particulière. Comment est-ce que le feu crée la terre ? Il faut penser au feu en termes de son sous-produit, la cendre. Au cours de formations en feng shui, je me suis servi de mon bol à encens comme exemple : il a une base de sable, et de nouvelles couches sont créées par la cendre qui tombe des bâtons d'encens qui se consument. Un jour, une étudiante d'Hawaï a mentionné qu'elle vivait sur une terre produite par les cendres du volcan, ce qui est un bien meilleur exemple que mon bol à encens ; il m'a permis de réaliser à quel point le feu crée la terre. Le point où l'élément Feu se transforme en cendres et forme l'élément Terre est celui auquel l'énergie est au plus haut. C'est la fin de la phase yang, le moment où l'énergie atteint momentanément un point d'équilibre avant de passer aux phases yin.

La Terre produit le Métal

Si vous creusez le sol assez profondément, vous finirez par trouver de la roche solide, du sable ou des coquillages. Il est souvent difficile de dire exactement où se termine la terre et où commence la roche, parce que ces deux éléments sont étroitement liées dans le cycle des cinq éléments. Les roches et les minéraux, la quintessence de l'élément Métal, sont des sous-produits de la Terre. Les minéraux du sol fournissent aux plantes des nutriments pour qu'elles puissent pousser, et il en va de même aussi pour nous. Nous sommes constitués de plus de cent minéraux essentiels pour toutes sortes de choses : la densité des os, la digestion, le système immunitaire… Sous forme de roches, de sable ou de coquillages, le métal est une version plus raffinée ou purifiée du sol. Cette phase est le commencement de la phase yin, le début de la décroissance de l'énergie.

Le Métal enrichit l'Eau

Quand je pense à cette phase du cycle des cinq éléments, je ne peux pas m'empêcher de penser à ce jour de mon enfance où, avec ma famille, je suis allée faire de l'orpaillage non loin de San Francisco. Nous avions des batées et des tamis, et j'étais sûre que nous allions devenir riches ! Je suis rentrée à la maison avec une pépite qui faisait la moitié de l'ongle de mon petit doigt, et qui avait certainement été mise là à l'avance par notre guide. Comme je l'ai appris, l'or se forme dans le lit des rivières, et tout au long de celui-ci ; c'est un exemple de la manière dont le métal enrichit l'eau. On trouve toujours des roches à proximité de n'importe quelle étendue d'eau naturelle, qu'il s'agisse de la côte rocheuse du Pacifique, d'une plage de sable ou d'un torrent de montagne.

L'eau est l'élément essentiel à notre survie ; elle est constituée de deux atomes d'hydrogène attachés à un seul atome d'oxygène. Cependant, la plus grande partie de l'eau qu'on trouve dans la nature contient aussi des traces de minéraux nécessaires pour notre corps et qui donnent un goût agréable à l'eau que nous buvons. En fait, on considère que les eaux qui contiennent une forte concentration de minéraux ont des propriétés thérapeutiques. En d'autres termes, les eaux qui ont été naturellement enrichies par les métaux sont particulièrement bonnes et entrent naturellement dans le cycle des cinq éléments.

Le cycle de destruction

Le cycle de destruction est le moyen dont la nature se sert pour créer l'ordre à partir du chaos afin de permettre une croissance viable. La combinaison des cycles de construction et de destruction est cruciale pour la continuité de la vie ; aucun de ces deux cycles n'est plus important que l'autre. J'ai constaté que pour expliquer le cycle de destruction à mes étudiants, le jeu traditionnel de pierre-papier-ciseaux est la meilleure analogie possible ; mais ici, il y a cinq options au lieu de trois. Pensez à chaque élément comme ayant le contrôle sur un autre élément et comme étant contrôlé par un troisième. Le cycle de destruction est le plus souvent décrit ainsi :

- Le Bois épuise la Terre
- Le Feu fait fondre le Métal
- La Terre retient l'Eau
- Le Métal coupe le Bois
- L'Eau éteint le Feu

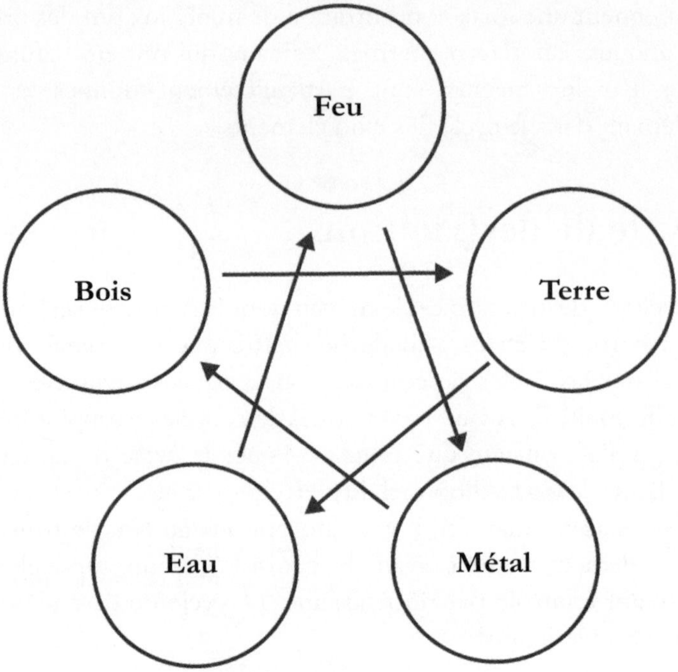

Le cycle de destruction.

Le Bois épuise la Terre

Une forêt est un bon exemple de la manière dont le Bois étouffe la Terre. Quand les arbres poussent en trop grand nombre, la terre est envahie et le sol est appauvri. Quand il y a trop d'arbres dans un endroit, le cycle de destruction se déclenche et seuls les feux de forêt peuvent nettoyer le terrain.

Le Feu fait fondre le Métal

Le Métal est un élément extrêmement fort et résistant, sauf quand il est à la merci de l'élément qui le contrôle, le Feu. Le Feu tord, déforme et fait fondre le métal, un matériau autrement indestructible. Les forgerons se servent du feu pour donner au métal des formes utilisables.

La Terre retient l'Eau

L'Eau est peut-être la force la plus puissante sur notre planète, sauf quand elle rencontre l'élément Terre. Celui-ci est comme un récipient ; et les récipients contiennent des liquides. Vous pouvez voir les bols et les coupes comme des exemples de l'élément Terre. Si elle n'est pas retenue, l'eau est incontrôlable. Un autre exemple du fait que l'élément Terre retient l'eau, ce sont les lacs ou les étangs. Cependant, si elle se transforme trop en élément Terre, l'eau perd son essence et devient de la boue. S'il y a trop d'eau, on obtient inondation et érosion.

Le Métal coupe le Bois

Un bon exemple du Métal qui coupe le Bois, c'est une hache qui abat un arbre. Bien sûr, il n'est pas nécessaire que l'arbre soit entièrement abattu ; on peut aussi le contrôler de façon moins radicale en le taillant avec des cisailles métalliques. Quand il y a un excès d'énergie Bois, il faut du Métal pour la ramener sous contrôle.

L'Eau éteint le Feu

La nature a vraiment une intelligence extraordinaire. Très jeunes, nous apprenons que l'eau peut servir à éteindre le feu. Le Feu, qui est le plus yang des éléments, a besoin de l'Eau, le plus yin des éléments, pour le contrôler. Chaque élément a son propre pouvoir, un élément qu'il contrôle et aussi un élément qui le contrôle.

Vous pouvez voir qu'en association avec le cycle d'engendrement, le cycle de destruction est un processus nécessaire pour atteindre l'équilibre. Quand un déséquilibre s'est produit, un élément (ou plusieurs) s'est tourné contre les autres, pour ainsi dire. Ce déséquilibre porte le nom de cycle d'agression.

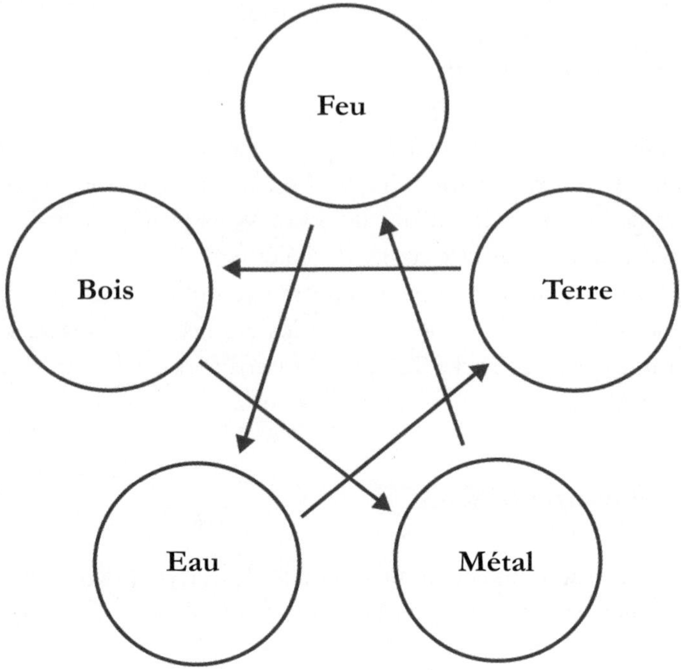

Le cycle d'agression.

Par exemple, dans le cycle de destruction, le Bois étouffe la Terre. Cependant, si la Terre se retourne contre le Bois, alors l'élément Bois est affaibli. L'élément Bois exerce tant d'énergie pour essayer de contrôler la Terre qu'il s'affaiblit. C'est pourquoi on appelle souvent ce cycle le cycle d'affaiblissement. Pour conserver notre analogie avec le jardinage, on peut donner l'exemple d'un excès de terreau (élément Terre) ou quand la graine est plantée trop profondément dans la terre : la plante (élément Bois) doit travailler beaucoup plus pour parvenir à la surface.

On en voit un autre exemple dans la nature, dans l'interaction de la Terre et de l'Eau. Dans le cycle de destruction, la Terre retient Eau de façon bénéfique, comme dans le cas de la berge d'une rivière qui contrôle correctement le flux de l'eau. Cependant, en période d'inondation, la pluie (élément Eau) fait sortir la rivière de ses berges (élément Terre), qui sont emportées par l'eau. On peut aussi voir ce phénomène avec les autres éléments, quand le flux d'énergie bénéfique du cycle de destruction est inversé.

C'est l'interaction harmonieuse et équilibrée des cinq éléments qui entretient les cycles de vie sur notre planète. Les cycles de construction et de destruction fournissent une structure délicate dans laquelle chaque élément dépend d'un autre pour pouvoir créer, et il en va de même dans notre vie et dans la façon dont nous nous relions aux autres. Chacun de nous a ses propres forces, mais nous avons besoin les uns des autres pour faire de notre mieux et avoir une vie prospère. Dans la section suivante, vous découvrirez quel élément prédomine en vous. Vous verrez comment votre énergie s'exprime le mieux dans le monde et comment vous pouvez contribuer au mieux à la continuité du changement et de la croissance de notre planète.

DEUXIÈME PARTIE : LES CINQ ÉLÉMENTS ET VOUS

CHAPITRE QUATRE – Quel est votre élément ?

Vous avez maintenant une bonne idée de ce que sont les cinq éléments, de leurs caractéristiques spécifiques et de la manière dont ils opèrent ensemble. Dans la philosophie taoïste, le corps humain est vu simplement comme un microcosme de la nature et de l'Univers. Le cycle des cinq éléments que nous observons dans la nature est aussi en nous. En médecine chinoise, il y a cinq réseaux organiques principaux associés aux cinq éléments. Au lieu de faire référence aux organes individuels, la médecine chinoise considère les principaux organes comme un réseau qui distribue et répartit le chi (l'énergie) dans tout le corps. Les réseaux organiques sont :

Bois : le foie et la vésicule biliaire
Feu : le cœur et l'intestin grêle
Terre : la rate et l'estomac
Métal : les poumons et le gros intestin
Eau: les reins et la vessie

On se sert des modalités de la médecine chinoise pour équilibrer ces réseaux organiques afin d'apporter au corps harmonie et équilibre. En conséquence, on peut remédier aux maladies existantes et empêcher les maladies potentielles. La médecine chinoise reconnaît aussi que le corps et l'esprit ne sont pas séparés. Comme le corps physique est une manifestation des corps mental et émotionnel, il est par conséquent traité en même temps qu'eux. Tout déséquilibre dans le corps physique commence par un déséquilibre des corps émotionnel et/ou mental. Donc, l'énergie des cinq éléments n'est pas seulement présente en nous sur le plan physique, mais aussi sur les plans mental et émotionnel.

Nous incarnons toujours l'ensemble des cinq éléments, mais c'est la concentration en nous de chacun des éléments qui fait de nous des individus uniques. Par exemple, certaines personnes sont principalement yang, incarnant davantage d'énergie Bois et Feu. D'autres sont plus yin, présentant davantage de propriétés du Métal et de l'Eau. Certains personnes ont naturellement une forte concentration d'un élément, tandis que d'autres peuvent avoir un plus grand équilibre de tous les éléments. C'est notre constitution personnelle selon les cinq éléments. C'est la manière dont nous gérons notre énergie. Votre constitution selon les cinq éléments représente des aspects de votre personnalité, comment vous fonctionnez dans le monde et comment vous exprimez vos émotions.

Quand votre constitution subit un déséquilibre (une conséquence du stress), un ou plusieurs des cinq réseaux organiques mentionnés ci-dessus en est affecté. Les implications de ce déséquilibre sur la santé physique dépassent le cadre de ce livre, mais il est important de noter qu'il y a une corrélation directe entre notre constitution élémentale et nos problèmes habituels de santé physique[3].

Il est utile de connaître votre (ou vos) élément(s) dominant(s) pour connaître vos forces et reconnaître les moments où vous êtes déséquilibré. N'oubliez pas qu'aucune combinaison ou concentration d'éléments n'est meilleure qu'une autre. Ce qui constitue l'équilibre va différer d'une personne à l'autre, en fonction de sa constitution élémentale. Il est rare d'avoir une distribution égale des cinq éléments, et ce n'est pas un objectif à rechercher. Par exemple, certaines personnes viennent dans ce monde avec une forte concentration de l'un des éléments afin de mener à bien un but de vie spécifique. D'autres sont de véritables touche-à-tout qui ont besoin d'intégrer plusieurs énergies élémentales, voire toutes, pour accomplir leurs objectifs.

Si vous avez un score élevé dans deux éléments dans le quiz ci-dessous, notez s'ils sont compatibles dans le cycle d'engendrement ou s'ils s'opposent dans le cycle de destruction. Les éléments qui se

3. Pour une discussion plus détaillée des applications des principes de la médecine chinoise à la santé physique, je vous recommande *Between Heaven and Earth*, par Harriet Beinfield et Efrem Korn, Ballantine Books (2013).

suivent dans le cycle d'engendrement (par exemple, le Bois et le Feu) se soutiendront davantage. En revanche, si vous avez un score élevé dans deux éléments qui s'opposent dans le cycle de destruction (par exemple, le Bois et la Terre), vous remarquerez cette contradiction dans votre vie ; elle peut vous servir de tremplin, de motivation, ou d'appel à équilibrer les opposés dans votre vie. Ni l'une, ni l'autre de ces combinaisons n'est bonne ou mauvaise ; il est juste intéressant de les remarquer.

Nous recherchons inconsciemment chez les autres ce qui n'est pas équilibré en nous-mêmes. C'est la beauté des relations, professionnelles ou personnelles. Comme nous l'avons vu dans le chapitre 1, les relations nous aident à atteindre l'équilibre entre le yin et le yang en nous-mêmes, et il en va de même avec les cinq éléments, quoiqu'avec ces derniers, ce soit un peu plus compliqué en raison de la manière dont les éléments interagissent. Par exemple, il peut sembler que quelqu'un qui a une dominante de Feu attire quelqu'un qui a une dominante d'Eau. C'est fréquent, en effet, mais cette relation peut être quelque peu conflictuelle parce que l'Eau, qui est l'élément qui contrôle le Feu, éteint le Feu. Et bien sûr, avec le mélange adéquat de feu et d'eau, vous obtenez de la vapeur.

Avec la double énergie du yin et du yang, il est plus facile de voir la correspondance yin-yang d'une relation qu'avec les cinq éléments, où l'équilibre dépend aussi d'autres facteur. Nous sommes des êtres sociaux, et nous avons tant de types différents de relations : famille, travail, enfants, amis, voisins et ainsi de suite. Vous vous efforcez inconsciemment d'atteindre l'équilibre avec chacune de vos décisions : avec qui vous vivez, où vous vivez, où vous travaillez, quel type de travail vous faites, votre trajet jusqu'à votre lieu de travail, votre séjour, vos enfants. Rien d'est dû au hasard ; toutes ces choses jouent un rôle dans l'équilibre des cinq éléments dans votre monde.

L'entretien de votre équilibre interne est la première étape qui mène à votre bien-être mental, émotionnel et physique. Si vous connaissez votre point d'équilibre, vous savez aussi quand vous êtes déséquilibré, et vous pouvez corriger beaucoup plus rapidement votre cap, ce qui va vous éviter du stress supplémentaire. Quand j'ai déménagé du Tennessee en Californie, mon environnement a changé du tout au tout, et je me suis retrouvée à avoir besoin autour de moi des quantités différentes de divers éléments. Il pleuvait beaucoup au Tennessee, et j'avais envie d'avoir autant de soleil que possible. Mais à Los Angeles, j'étais chaque jour exposée au soleil, auquel s'ajoutait l'énergie yang de cette ville dans son ensemble. Je me suis trouvée à chercher beaucoup plus d'espaces yin que précédemment.

Après avoir lu les caractéristiques des cinq éléments dans les chapitres 2 et 3, vous avez peut-être déjà une idée de l'élément qui prédomine en vous. Il est très probable que vous vous soyez retrouvé dans des aspects de tous les cinq éléments, parce que nous incarnons tous des aspects de chacun d'entre eux, même si la plupart des gens sont dominés par un ou deux éléments. N'oubliez pas que le but n'est pas d'avoir une quantité égale de chacun des cinq éléments, mais de trouver votre propre constitution élémentale spécifique, votre base de référence. Plusieurs méthodes peuvent vous aider à déterminer votre élément dominant. En astrologie chinoise, la date de naissance (plus exactement, l'année de naissance) détermine votre élément. J'ai aussi inclus une méthode numérologique, ainsi qu'une comparaison avec les éléments de l'astrologie occidentale. L'art chinois de la lecture du visage est une autre branche de la médecine chinoise qui sert aussi à déterminer votre élément en tenant compte de l'apparence du visage.

Je vous recommande d'essayer toutes ces méthodes et de comparer les résultats. Vous remarquerez peut-être une certaine cohérence, ainsi que des différences. J'ai constaté qu'il y a du vrai dans toutes les méthodes. Nous sommes des êtres complexes, et nous ne pouvons pas toujours être réduits à une simple formule. Une fois que vous aurez exploré toutes les méthodes, vous devriez avoir une bonne idée de votre constitution élémentale. Si vous trouvez des résultats contradictoires selon les diverses méthodes, servez-vous de votre intuition pour déterminer ce qui vous semble vous correspondre le mieux. Il est très probable que ces résultats représentent des aspects différents de vous-même.

Aucune de ces méthodes ne constitue une science exacte ; et pourtant, elles contiennent toutes une part de validité. Il est donc important de tenir compte de votre intuition avec chacune d'entre elles. Une autre approche est de simplement reconnaître votre élément dominant en lisant les chapitres concernant chaque type élémental, ou dans le profil rapide qui suit le quiz des cinq éléments, ci-dessous. Je vous recommande de commencer par le quiz, puis de comparer vos résultats avec les autres méthodes incluses dans ce chapitre.

Quiz des cinq éléments

Bien que votre élément dominant reste le même toute votre vie, vous remarquerez peut-être que votre constitution élémentale change, tout comme vous. Ce quiz est un indicateur particulièrement précis de votre élément dominant à l'heure actuelle. Par exemple, j'aurais eu des scores différents il y a dix ans, car j'ai changé au fil des années.

Dans le quiz ci-dessous, abordez chaque affirmation comme vous le feriez normalement dans votre vie, plutôt que selon votre humeur du moment. L'un des avantages de ce quiz sur les autres méthodes, c'est qu'il vous donne une hiérarchie de l'influence des éléments, et pas simplement votre (ou vos) élément(s) dominant(s).

Instructions : cochez chacune des affirmations qui s'applique à vous. Faites le total du nombre d'affirmations que vous avez cochées dans chaque groupe. Notez votre score pour chaque groupe à la fin du quiz. Comparez vos scores pour chaque élément. Plus votre score est élevé, plus cet élément est concentré en vous. Le profil rapide des éléments vous montrera quel élément correspond à chaque groupe, et les caractéristiques de cet élément.

GROUPE A

________ J'ai tendance à traiter les problèmes dans ma tête plutôt qu'avec les autres.

________ Je me considère franc et direct dans ma façon de communiquer, et il m'est arrivé de blesser les autres à cause de cela.

________ Je ne me mets pas en valeur, et je parle rarement de mes réussites.

________ Je suis capable de voir une situation dans son ensemble.

________ Je n'ai pas besoin de beaucoup d'argent pour être heureux.

________ Je préfère rester chez moi avec un bon livre plutôt que de participer à une activité sociale de grande envergure.

________ Les gens ne me connaissent pas vraiment, et ça me plaît assez.

________ Je ne fais pas facilement confiance aux autres, mais quand ça m'arrive, je suis loyal.

________ Je n'aime pas devoir dépendre des autres, et je me considère comme indépendant.

________ Je peux facilement me perdre dans mon propre monde.

Total pour le Groupe A

GROUPE B

________ J'aime commencer de nouveaux projets, et j'ai souvent plusieurs projets en cours au même moment.

________ Je suis capable de prendre des décisions rapidement et d'agir assez rapidement pour les mettre en application.

________ Les gens me voient comme un meneur.

________ Je suis souvent à la pointe du progrès dans mon travail, et j'aime apprendre de nouvelles choses.

________ Je suis frustré quand les choses n'arrivent pas assez vite.

________ J'apprécie que mes talents et mes réalisations soient reconnus publiquement.

________ Je peux parfois être réactif ou compulsif dans ma manière d'agir.

________ Je suis efficace quand je dois respecter une date limite.

________ J'aime être le premier à essayer quelque chose de nouveau.

________ Au besoin, je prends les commandes pour que les choses se fassent.

Total du Groupe B

GROUPE C

________ La communication efficace est l'un de mes points forts.

________ En général, je suis quelqu'un d'insouciant qui aime la vie.

________ Je suis un bon juge de caractère.

________ Je perçois facilement les émotions d'autrui.

________ Je suis sujet à l'anxiété.

________ J'aime donner et recevoir de l'affection.

________ Je peux facilement me passionner pour un projet auquel je crois, et amener d'autres personnes à s'enthousiasmer également pour ce projet.

________ Je peux parfois être épuisé au point de m'effondrer.

________ Mes amis et/ou mes collègues apprécient mon énergie et mon enthousiasme.

________ Je suis à l'aise avec mes émotions, et je peux même me montrer vulnérable parfois.

Total du Groupe C

GROUPE D

________ Mes amis se reposent souvent sur moi pour trouver conseils et soutien.

________ J'aime les choses comme elles sont, et j'ai tendance en général à résister au changement.

________ Je soutiens beaucoup les objectifs des autres.

________ Dans les groupes sociaux ou familiaux, j'ai tendance à être la colle qui unit tout le monde, et je fais tout ce que je peux pour que les interactions soient harmonieuses.

________ J'ai tendance à faire passer les besoins des autres avant les miens.

________ J'ai tendance à m'inquiéter beaucoup.

________ En général, je suis bien disposé et accommodant.

________ Je préfère en général travailler en groupe plutôt que seul.

________ Pour moi, une journée parfaite, c'est être à la maison avec toute ma famille, et il est très probable que je leur fasse la cuisine.

________ Je ne fais pas beaucoup de changements, mais quand j'en fais, ils sont assez importants.

Total du Groupe D

GROUPE E

________ Je suis doué pour l'organisation.

________ J'entretiens un environnement propre et bien rangé.

________ Je préfère aborder la résolution de problèmes de façon systématique plutôt que de me fier à mes émotions et à mon intuition.

________ Je rappelle les règles aux autres, et/ou mon travail implique que les gens suivent des règles ou des procédures.

________ Je préfère rester en dehors de la vie des autres.

________ Je tire fierté de ma capacité à me montrer difficile et exigeant quand je fais un achat.

________ On me voit comme quelqu'un de calme.

________ J'ai de l'autodiscipline.

________ Mes principes sont importants, et passent avant le plaisir et la satisfaction.

________ Je me sens mieux dans un environnement structuré, où il existe des systèmes de soutien.

Total du Groupe E

Notez ici vos scores pour chaque groupe :

________ Groupe A = Eau

________ Groupe B = Bois

________ Groupe C = Feu

________ Groupe D = Terre

________ Groupe E = Métal

Profil rapide des éléments

Vous trouverez ci-dessous un profil rapide pour chaque élément ; et dans les chapitres 5 à 9, des descriptions détaillées de chaque type élémental.

Groupe A – Eau : le type Eau est le philosophe. Ce sont des personnes tranquilles, en général introverties et sans prétention. Elles ont en elles une force tranquille. Elles peuvent parfois sembler fragiles, mais elles ne le sont pas du tout. Toute la création naît de l'eau, et les personnes marquées par cet élément ne font pas exception. Elles sont profondément créatives, contemplatives, intuitives et introspectives. Ce seront très probablement elles qui trouveront la clé de la paix mondiale ; cependant, ce sera aux autres éléments de la mettre en œuvre. Quand ils sont déséquilibrés, les individus de type Eau peuvent se retirer en eux-mêmes et se mettre à l'écart. Ils ont tendance à dissimuler leurs émotions et à avancer lentement avant d'agir.

Groupe B – Bois : le type Bois est le pionnier. Ces individus sont des leaders, des inventeurs, des chercheurs et des visionnaires. Ils prennent facilement la tête d'un groupe et prennent des mesures pour faire avancer les projets. Ils peuvent aisément vaciller entre l'introversion et l'extraversion selon les nécessités d'une situation. Par exemple, ils peuvent travailler seuls à la création d'une nouvelle entreprise ou travailler parfaitement bien en équipe. Quand un projet ou une relation n'avance pas assez vite, le type Bois se sent rapidement frustré. Le Bois maintient les choses en mouvement, et il doit apprendre à savoir quand libérer son énergie et quand prendre du recul pour permettre une véritable expansion.

Groupe C – Feu : le type Feu est le réalisateur. Ces personnes sont en général extraverties et très énergiques. Elles mettent souvent de l'animation dans un groupe et elles aiment la vie. Comme une flamme, elles créent la plus pure expression de l'énergie sous la forme de l'enthousiasme et de la passion. Les gens marqués par l'élément Feu apportent aux projets le carburant qui leur permet de se manifester pleinement. Si l'idée a pu naître avec l'élément Eau, et si l'élément Bois a fourni le mouvement vers l'avant, c'est l'élément Feu qui porte un projet à son point culminant. Quand il est déséquilibré, le Feu est consumé. Son énergie peut facilement se disperser dans trop de directions, sans objectif fixe, ce qui peut provoquer de l'anxiété.

Groupe D – Terre : le type Terre est le stabilisateur. Ces personnes sont la force d'ancrage qui maintient le *statu quo* pour que le changement ne se produise pas trop rapidement. L'élément Terre est le récipient ou la scène sur laquelle nous jouons tous. Ces personnes sont souvent d'un grand soutien, elles apportent l'harmonie à un groupe et contribuent à maintenir la paix. On peut voir la personne marquée par l'élément Terre comme le parent qui maintient l'harmonie entre ses enfants quand ils se querellent ; elle fait tout ce qu'il faut pour ne froisser personne. Elles n'aiment pas le changement, et dans les cas extrêmes, peuvent chercher à tout contrôler. L'inquiétude est leur émotion par défaut, surtout quand quelque chose qui risque de mener à un changement semble échapper à leur contrôle.

Groupe E – Métal : le type Métal est l'organisateur. Ces individus sont des organisateurs naturels, ils savent garder les choses en main et respecter des horaires. Ce sont d'excellents comptables, ingénieurs, scientifiques, rédacteurs en chef, architectes, assistants de direction et organisateurs professionnels. Ils seront à coup sûr attentifs au détail, concentrés et précis dans tout ce qu'ils feront. Dans leurs conversations, ils ont tendance à être directs, sans chercher à faire de fioritures. Ils apprécient aussi un environnement bien rangé et peuvent même étiqueter correctement leurs boîtes de stockage. Quand ils sont déséquilibrés, ils peuvent se révéler obsessionnels, perfectionnistes ou trop rigides d'esprit. Ils ont tendance à avoir des œillères et à être incapables d'une vision d'ensemble.

Astrologie chinoise

En astrologie chinoise, les douze signes du zodiaque sont des animaux. Votre signe (ou animal) du zodiaque est déterminé par votre année de naissance, non pas par le mois et le jour comme en astrologie occidentale. Chaque année correspond aussi à l'un des cinq éléments. En pages suivantes, vous trouverez le tableau du zodiaque chinois, avec l'élément correspondant pour chaque année de naissance. Repérez votre date de naissance, et vous verrez l'élément qui vous est attribué par l'astrologie chinoise.

Année	**Élément associé**	**Année**
1924–1983		**1984–2043**
05 fév. **1924**–23 jan. 1925	Bois	02 fév. **1984**–21 jan. 1985
24 jan. **1925**–12 fév. 1926	Bois	22 jan. **1985**–08 fév. 1986
13 fév. **1926**–01 fév. 1927	Feu	09 fév. **1986**–28 jan. 1987
02 fév. **1927**–22 jan. 1928	Feu	29 jan. **1987**–16 fév. 1988
23 jan. **1928**–9 fév. 1929	Terre	17 fév. **1988**– 5 fév. 1989
10 fév. **1929**–29 jan. 1930	Terre	06 fév. **1989**–26 jan. 1990
30 jan. **1930**–16 fév. 1931	Métal	27 jan. **1990**–14 fév. 1991
17 fév. **1931**–fév. 05 1932	Métal	15 fév. **1991**–03 fév. 1992
06 fév. **1932**–25 jan. 1933	Eau	04 fév. **1992**–22 jan. 1993
26 jan. **1933**–13 fév. 1934	Eau	23 jan. **1993**–9 fév. 1994
14 fév. **1934**–03 fév. 1935	Bois	10 fév. **1994**–30 jan. 1995
04 fév. **1935**–23 jan. 1936	Bois	31 jan. **1995**–18 fév. 1996
24 jan. **1936**–10 fév. 1937	Feu	19 fév. **1996**–06 fév. 1997
11 fév. **1937**– 30 jan 1938	Feu	07 fév. **1997**–27 jan. 1998
31 jan. **1938**–18 fév. 1939	Terre	28 jan. **1998**–15 fév. 1999

Année	Élément associé	Année
1924–1983		1984–2043
19 fév. **1939**–07 fév. 1940	Terre	16 fév. **1999**–04 fév. 2000
08 fév. **1940**–26 jan. 1941	Métal	05 fév. **2000**–23 jan. 2001
27 jan. **1941**–14 fév. 1942	Métal	24 jan. **2001**–11 fév. 2002
15 fév. **1942**–04 fév. 1943	Eau	12 fév. **2002**–31 jan. 2003
05 fév. **1943**–24 jan. 1944	Eau	01 fév. **2003**–21 jan. 2004
25 jan. **1944**–12 fév. 1945	Bois	22 jan. **2004**–08 fév. 2005
13 fév. **1945**–01 fév. 1946	Bois	09 fév. **2005**–28 jan. 2006
02 fév. **1946**–21 jan. 1947	Feu	29 jan. **2006**–17 fév. 2007
22 jan. **1947**–09 fév. 1948	Feu	18 fév. **2007**–06 fév. 2008
10 fév. **1948**–28 jan. 1949	Terre	07 fév. **2008**–25 jan. 2009
29 jan. **1949**–16 fév. 1950	Terre	26 jan. **2009**–13 fév. 2010
17 fév. **1950**–05 fév. 1951	Métal	14 fév. **2010**–02 fév. 2011
06 fév. **1951**–26 jan. 1952	Métal	03 fév. **2011**–22 jan. 2012
27 jan. **1952**–13 fév. 1953	Eau	23 jan. **2012**–09 fév. 2013
14 fév. **1953**–02 fév. 1954	Eau	10 fév. **2013**–30 jan. 2014
03 fév. **1954**–23 jan. 1955	Bois	31 jan. **2014**–18 fév. 2015
24 jan. **1955**–11 fév. 1956	Bois	19 fév. **2015**–07 fév. 2016
12 fév. **1956**–30 jan. 1957	Feu	08 fév. **2016**–27 jan. 2017
31 jan. **1957**–17 fév. 1958	Feu	28 jan. **2017**–15 fév. 2018
18 fév. **1958**–07 fév. 1959	Terre	16 fév. **2018**–04 fév. 2019
08 fév. **1959**–27 jan. 1960	Terre	05 fév. **2019**–24 jan. 2020
28 jan. **1960**–14 fév. 1961	Métal	25 jan. **2020**–11 fév. 2021
15 fév. **1961**–4 fév. 1962	Métal	12 fév. **2021**–31jan.2022
05 fév. **1962**–24 jan. 1963	Eau	01 fév. **2022**–21 jan. 2023
25 jan. **1963**–12 fév. 1964	Eau	22 jan. **2023**–09 fév. 2024
13 fév. **1964**–01 fév. 1965	Bois	10 fév. **2024**–28 jan. 2025

Année	Élément associé	Année
1924–1983		**1984–2043**
02 fév. **1965**–20 jan. 1966	Bois	29 jan. **2025**–16 fév. 2026
21 jan. **1966**–08 fév. 1967	Feu	17 fév. **2026**–05 fév. 2027
09 fév. **1967**–29 jan. 1968	Feu	06 fév. **2027**–25 jan. 2028
30 jan. **1968**–16 fév. 1969	Terre	26 jan. **2028**–12 fév. 2029
17 fév. **1969**–05 fév. 1970	Terre	13 fév. **2029**–02 fév. 2030
06 fév. **1970**–26 jan. 1971	Métal	03 fév. **2030**–22 jan. 2031
27 jan. **1971**–14 fév. 1972	Métal	23 jan. **2031**–10 fév. 2032
15 fév. **1972**–02 fév. 1973	Eau	11 fév. **2032**–30 jan. 2033
03 fév. **1973**–22 jan. 1974	Eau	31 jan. **2033**–18 fév. 2034
23 jan. **1974**–10 fév. 1975	Bois	19 fév. **2034**–07 fév. 2035
11 fév. **1975**–30 jan. 1976	Bois	08 fév. **2035**–27 jan. 2036
31 jan. **1976**–17 fév. 1977	Feu	28 jan. **2036**–14 fév. 2037
18 fév. **1977**–06 fév. 1978	Feu	15 fév. **2037**–03 fév. 2038
07 fév. **1978**–27 jan. 1979	Terre	04 fév. **2038**–23 jan. 2039
28 jan. **1979**–15 fév. 1980	Terre	24 jan. **2039**–11 fév. 2040
16 fév. **1980**–04 fév. 1981	Métal	12 fév. **2040**–31 jan. 2041
05 fév. **1981**–24 jan. 1982	Métal	01 fév. **2041**–21 jan. 2042
25 jan. **1982**–12 fév. 1983	Eau	22 jan. **2042**–09 fév. 2043
13 fév. **1983**–01 fév. 1984	Eau	10 fév. **2043**– 29 jan. 2044

Numérologie chinoise

Vous pouvez aussi déterminer votre élément par la numérologie chinoise[4]. Comme en astrologie chinoise, on se sert de l'année de naissance. Le calcul est différent pour les hommes et pour les femmes.

4. Cette méthode est tirée de : *Body Feng Shui: The Ancient Chinese Science of Body Reading,* par Chao-Hsui Chen (Rochester, VT: Destiny Books, 1999).

Je ne souscris pas particulièrement à la distinction des genres commune en astrologie chinoise, et je vous recommande de vous servir des deux méthodes de calcul, pour voir laquelle vous semble la plus vraie (ou si les deux se valent). Lorsque vous aurez fait votre calcul, le nombre que vous aurez trouvé correspondra à l'un des éléments de la manière suivante :

Bois : 1 et 2
Feu : 3 et 4
Terre : 5 et 6
Métal : 7 et 8
Eau : 9 et 0

Pour les hommes : soustrayez de 100 les deux derniers chiffres de votre année de naissance. Divisez le résultat par 9. Vous obtiendrez très probablement une fraction. Le nombre significatif est le premier chiffre après la virgule. Si le résultat est un nombre entier, le nombre résultant est 0. Par exemple, pour l'année 1971, on procède au calcul de cette manière :

100 – 71 = 29
29 ÷ 9 = 3,22222222
2 = Bois

Pour les femmes : soustrayez 4 des deux dernières chiffres de votre année de naissance. Divisez le résultat par 9. Vous obtiendrez très probablement une fraction. Le nombre significatif est le premier chiffre après la virgule. Si le résultat est un nombre entier, le nombre résultant est 0. Par exemple, pour l'année 1971, on procède au calcul de cette manière :

71 – 4 = 67
67 ÷ 9 = 7,4444444444
4 = Feu

Lecture du visage

L'art chinois de la lecture du visage est une pratique utilisée depuis des milliers d'années en médecine chinoise, à l'origine afin de faire des diagnostics médicaux. Le livre le plus complet sur les sujet est *The Wisdom of Your Face* par Jean Haner. Selon Haner, « on considère que le visage est une représentation complète et parfaite de ce qui se passe dans la totalité du soi physique. On croyait que la santé de chacun des organes majeurs se reflétait dans un trait spécifique du visage.[5] »

Chaque trait du visage est associé à l'un des cinq éléments. Plus ce trait est dominant sur votre visage, plus il indique que vous incarnez cet élément. Puisque nous avons tous en nous des aspects des cinq éléments, vous aurez probablement des traits dominants de plusieurs éléments.

La lecture du visage révèle non seulement notre constitution selon les cinq éléments, mais aussi le passé, l'avenir et les déséquilibres et motifs émotionnels. Ceci dépasse le cadre de ce livre, et je vous recommande l'ouvrage de Haner pour une compréhension plus complète de la lecture du visage. Pour le moment, voici un aperçu de certains traits clé du visage associés à chaque type élémental[6].

Traits du visage Bois

- Sourcils forts et épais
- Front proéminent
- Tempes creusées
- Mâchoire proéminente ou bien dessinée
- Type physique grand et efflanqué, ou petit et compact

5. Jean Haner, *The Wisdom of Your Face* (Carlsbad, CA: Hay House, 2008).
6. *Ibid.*

Traits du visage Feu

- Yeux pétillants, « lumière » dans les yeux
- Cheveux roux et/ou bouclés, style de coiffure en épi ou de type extrême, calvitie au sommet de la tête
- Sourire et rire facile
- Hanches minces
- Teint rosé, taches de rousseur
- Fossettes
- Bouche, nez, oreilles, yeux et/ou sourcils pointus

Traits du visage Terre

- Visage rond
- Corps rond, surtout au niveau du ventre
- Bouche généreuse en comparaison du reste des traits du visage
- Lèvres pleines
- Bas des joues plein et/ou doucement arrondi
- Pour les femmes, poitrine opulente ; pour les hommes, muscles massifs
- Mollets épais

Traits du visage Métal

- Grand nez
- Haut des joues proéminent
- Traits largement espacés

- Structure osseuse délicate, poignets et chevilles minces
- Allure gracieuse et royale
- Hypermétabolisme ; tendance à être mince
- Teint pâle pour son héritage ethnique

Traits du visage Eau

- Front large ou haut, en forme de dôme
- Ombres nettes en dessous ou au-dessus des yeux ; regard rêveur et mystérieux
- Philtrum bien marqué
- Menton fort et proéminent
- Grandes oreilles et/ou grands lobes d'oreilles
- Hanches larges et/ou un certain embonpoint ou une certaine mollesse du visage et du corps, sans traits nets
- Ossature forte et massive (poignets et chevilles épais), dents en bonne santé
- Cheveux épais ou ondulés, brillants
- Teint mat, plutôt foncé

Astrologie occidentale

Si vous connaissez l'astrologie occidentale, les quatre éléments classiques (Feu, Eau, Terre, et Air) vous sont peut-être plus familiers. J'ai constaté que les gens confondent souvent les quatre éléments dont on se sert en astrologie occidentale avec les cinq éléments de l'astrologie chinoise. On trouve dans les deux systèmes le Feu, l'Eau et la Terre, mais l'astrologie occidentale ajoute l'Air, tandis que l'astrologie chinoise ajoute le Métal et le Bois. Il est important de noter que s'il y a des ressemblances entre les deux systèmes, ils sont assez différents.

Les cinq éléments représentent davantage notre énergie et la relation avec les autres éléments, de par le cycle des cinq éléments, tandis que les quatre éléments indiquent davantage des qualités ou des traits de personnalité. Les quatre éléments de l'astrologie occidentale gouvernent chacun trois signes du zodiaque. Le signe du zodiaque dont nous sommes le plus proche est notre signe solaire, et il indique généralement notre personnalité, bien qu'un thème astrologique donne une image plus complète. Les trois éléments que les deux systèmes ont en commun (Feu, Terre et Eau) ont tendance à avoir des caractéristiques communes.

Par exemple, ceux qui ont une prédominance de Feu dans le cycle des cinq éléments ont aussi tendance à être d'un signe solaire gouverné par le feu (Lion, Sagittaire et Bélier) en astrologie occidentale. Si vous êtes de l'un de ces signes, vous serez très probablement de type Feu, ou aurez un score élevé dans l'élément Feu dans le quiz. Il semble en aller de même pour les signes de Terre, Taureau, Vierge et Capricorne. Si vous êtes d'un de ces signes, vous aurez probablement un score élevé dans l'élément Terre dans le quiz donné plus haut dans ce chapitre.

Pour les éléments Air et Eau, la corrélation n'est pas aussi directe, du moins selon mon expérience. Si vous êtes d'un signe d'Eau ou d'Air en astrologie occidentale (Cancer, Poissons et Scorpion ; et Gémeaux, Balance et Verseau, respectivement), vous aurez peut-être un peu de mal à convertir votre élément directement en l'un des cinq éléments de l'astrologie chinoise, mais vous constaterez que vous avez une prédominance de Bois, de Métal ou d'Eau en faisant le quiz des éléments.

Pour avoir une image plus complète de vous-même en astrologie occidentale, vous devrez faire faire votre thème astrologique de naissance complet. Notre signe solaire ne nous donne qu'une partie du tableau. Un thème astrologique complet indique la position de tous les corps célestes au moment de votre naissance. Donc, ce que vous voyez comme « votre » signe n'est que l'endroit où se situait le soleil lors de votre naissance. Le signe solaire est l'indicateur principal de votre personnalité, mais la position des autres planètes et de la lune au moment de votre naissance complète le tableau.

Vous avez maintenant une bonne idée de votre constitution selon les cinq éléments. Avez-vous un élément nettement dominant ? Est-ce que vous avez des scores plus élevés dans les éléments yang et plus bas dans les éléments yin, ou vice versa ? Est-ce vous avez des scores à peu près au même niveau partout ? Dans les chapitres 5 à 9, vous comprendrez encore mieux comment chaque type élémental s'exprime dans notre personnalité et dans le reste du monde.

Pour vous aider à mieux caractériser chaque élément, un archétype a été assigné à chacun d'entre eux. Un archétype est un prototype symbolique, souvent utilisé en psychologie ou en métaphysique pour mieux comprendre une énergie universelle présente dans notre conscience collective. Vous découvrirez les traits de personnalité de chaque archétype élémental en plus de ses forces et de ses difficultés. Vous découvrirez aussi les signes qui indiquent quand chaque type élémental est déséquilibré et des suggestions pour le rééquilibrer. La compatibilité des éléments entre eux est aussi explicitée, ce qui vous permettra de comprendre comment les éléments interagissent dans les relations personnelles et professionnelles.

CHAPITRE CINQ – Types Bois : Les pionniers

L'archétype de l'élément Bois est le pionnier. Comme un nouveau-né qui ouvre les yeux sur le monde, une plante qui vient de sortir de terre, un explorateur qui parcourt des terres vierges ou un entrepreneur qui lance une nouvelle affaire, le type Bois s'aventure dans l'inconnu, sans savoir ce qui l'attend. Pour s'élancer dans l'inconnu, il faut une certaine dose de courage. Nous avons tous en nous des aspects de l'élément Bois, du simple fait que nous avons accepté de venir dans ce monde et d'y naître. À chaque fois que nous nous lançons dans une nouvelle activité, que nous vivons une nouvelle expérience ou que nous emménageons dans un nouvel endroit, nous invoquons notre élément Bois intérieur.

Traits de personnalité

Ceux dont le Bois est l'élément principal sont des inventeurs, des visionnaires, des chercheurs ; ils provoquent les changements et, occasionnellement, ils prennent des risques. Ils sont prêts à prendre l'initiative pour lancer des projets ou de nouvelles entreprises, même si cela signifie qu'ils doivent y aller seuls. Parce que ce sont des pionniers qui avancent en terre inconnue, l'adaptabilité est pour eux la clé de la réussite. Parce qu'ils inventent la roue, et qu'ils ne la réinventent pas, ils peuvent avoir besoin de tâtonner longtemps. Il leur est souvent nécessaire d'accepter l'échec et d'avoir assez de persévérance pour continuer à avancer. L'élément Bois est la quintessence du héros parti en quête.

Ceux qui incarnent l'énergie de l'élément Bois sont les découvreurs de notre époque. Au lieu d'explorer de nouvelles terres, ils découvrent de nouveaux logiciels, ouvrent notre esprit à de nouvelles façons de penser, dirigent des entreprises ou des groupes de parents, ou simplement donnent le ton de la mode. Martin Luther King Jr. est un parfait exemple de pionnier Bois. On peut même entendre des aspects de l'élément Bois dans le titre et le texte de son discours « I Have a Dream ». Les éléments Bois font d'excellents P.-D. G., entrepreneurs, inventeurs, orateurs, écrivains, guides en développement personnel et capitaines d'équipe. Les gens de type Bois sont tenaces, courageux et ambitieux, des qualités nécessaires pour introduire de nouvelles visions et de nouveaux concepts dans le monde.

Ceux qui sont nettement marqués par l'énergie Bois ont une vision, et font ce qu'il faut pour la concrétiser. Pour cela, ils doivent savoir rester fermes face au doute, à l'adversité ou à leurs détracteurs. L'autre partie de leur travail est de savoir quand une idée doit être légèrement altérée, modifiée radicalement ou abandonnée complètement. La clé de l'élément Bois est l'adaptabilité.

Cette adaptabilité prend la forme d'une connaissance des moments où il faut se déployer et des moments où il faut se contracter. C'est une composante et un don nécessaire de l'élément Bois, qui permettra plus tard à l'énergie de se manifester correctement et pleinement, durant la phase de l'élément Feu. Un arbre survit à une tempête en laissant ses branches plier tandis que son tronc reste fermement enraciné. De même, les gens de type Bois doivent rester fermes tout en étant flexibles. C'est la clé du succès du pionnier et c'est aussi ce qui lui présentera le plus de difficultés. Quand ils sont équilibrés, les gens qui incarnent l'énergie de l'élément Bois savent manier adroitement flexibilité et fermeté. Quand le pendule penche trop dans l'une ou l'autre direction, cependant, il en résulte un déséquilibre.

Les types Bois sont motivés, déterminés et ont souvent un côté compétitif. Ils donnent le meilleur d'eux-mêmes quand ils sont physiquement actifs durant la journée, plutôt que de passer de longues heures assis à un bureau. Ils se nourrissent de mouvement physique et de stimulation mentale. Les types Bois aiment aussi la nature. Qu'ils fassent une randonnée dans les bois, nagent dans un lac ou se promènent sur la plage, c'est dans la nature qu'ils trouvent leur centre.

En raison de leur adaptabilité intrinsèque, les gens marqués par l'élément Bois travaillent bien en équipe. Mais en même temps, ils ont l'habitude d'être indépendants et d'agir seuls. Ils aiment l'idée de la collaboration, mais ils ont parfois du mal à l'appliquer, tant ils ont l'habitude de penser en dehors des sentiers battus et de ne voir que leur propre point de vue. Il est cependant important pour eux d'écouter les avis extérieurs pour les aider à modifier ou à améliorer leurs idées. C'est là que l'élément Bois peut bénéficier le plus de l'adaptabilité.

Difficultés

Quand il est équilibré, l'élément Bois fait avancer les choses et aide aussi le monde à avancer en prenant des mesures positives à un rythme soutenu. Comme on le voit aux anneaux de croissance des arbres, l'élément Bois sait alterner les phases de développement et de contraction pour permettre la croissance. Cependant, quand l'élément Bois est déséquilibré, il peut y avoir une contraction trop forte ou une tentative d'expansion trop forte et trop rapide. S'il y a trop d'énergie yin, le Bois s'affaiblit et manque de force pour avancer. S'il y a trop d'énergie yang, il peut essayer d'aller de l'avant sans un soutien adéquat.

L'émotion que l'élément Bois ressent le plus souvent lorsqu'il est déséquilibré est la frustration. Si elle n'est pas réglée, cette frustration peut mener à la colère ou à la dépression. Comme un alpiniste essayant d'atteindre le sommet d'une montagne, l'élément Bois se sert de son aspiration comme d'un carburant pour atteindre ses buts. Quand il perd cette aspiration, pour quelque raison que ce soit, il perd cette poussée vers l'avant et peut tomber en dépression.

Parce qu'ils ouvrent souvent la voie vers de nouveaux territoires, les individus marqués par le Bois rencontrent fréquemment des obstacles, des déviations ou tout simplement de l'épuisement, ce qui les amène à s'interroger et à perdre leur esprit de pionnier. Il est impératif qu'ils développent un guide intérieur en qui ils puissent avoir confiance. Il peut aussi leur être bénéfique de rencontrer sur leur chemin des mentors et des personnes de bon conseil. Les éléments Bois peuvent se sentir bien seuls à l'avant du troupeau, sans oublier que créer le changement impose parfois d'être différent, d'aller à contre-courant ou d'adopter des positions impopulaires.

Excès d'énergies yin et Bois

Si un élément Bois a trop d'énergie yin, ceci se montre en général comme une influence excessive de l'énergie Métal. Si le Métal est souvent nécessaire pour équilibrer le Bois, trop de Métal peut nuire au Bois. Dans le cycle de destruction des cinq éléments, le Métal coupe, réduit, taille ou élague l'élément Bois (suivant que l'outil est une hache ou une paire de cisailles), métaphoriquement parlant. Le Métal ralentit l'énergie de croissance dont le Bois est avide. Si vous avez l'élément Bois comme dominante, vous rencontrerez très probablement l'influence du Métal dans votre vie sous la forme d'une voix intérieure, d'un côté obscur ou parmi vos relations.

Par exemple, en astrologie chinoise, je suis Métal, mais j'incarne plus fréquemment l'élément Bois. J'ai constaté que j'ai un pendule interne qui balance d'un extrême à l'autre du spectre, quand il s'agit du Bois et du Métal. Quand je manque d'élément Bois, je commence à acquérir des aspects Métal. Vous avez peut-être quelqu'un près de vous (peut-être votre conjoint ou un associé) qui est élément Métal et qui joue ce rôle pour vous. Dans les deux cas, trop de Métal pour un élément Bois peut le rendre rigide, lui ôter sa liberté de création, le limiter par des règles et des limites, l'empêcher de prendre des risques, l'obliger à trop jouer la sécurité et se montrer critique envers lui-même et envers autrui.

Toutes ces influences peuvent donner à l'élément Bois un sentiment de stagnation et de frustration. Que l'élément Bois soit dominant en vous ou non, ce sont des impressions fréquentes pour ceux qui ne se sentent pas en phase avec le but de leur existence. Nous avons tous des aspects de l'élément Bois, celui qui cherche à vivre sa vie au maximum.

Un autre déséquilibre du Bois est une influence excessive de l'élément Eau. L'élément Eau est essentiel à la croissance de l'élément Bois, et en général, il est positif pour lui. En fait, la phase Eau est essentielle pour l'élément Bois, car c'est de là que lui viennent ses idées visionnaires. C'est pourquoi on recommande aux types Bois de méditer souvent. Ils pourront ainsi se relier à la phase Eau.

Cependant, trop d'influence Eau peut présenter des risques. Pensez à ce qui se passe quand vous arrosez trop une plante. Il est tout à fait possible d'abuser des bonnes choses. L'élément Eau est le plus yin des éléments et, en trop grande quantité, il peut bloquer la croissance dont l'élément Bois a besoin. Pour un élément Bois, trop d'influence Eau peut se montrer par un excès de contemplation intérieure, une tendance à être trop émotionnel pour être objectif, une attitude anti-sociale ou l'incapacité à agir. L'un ou l'autre de ces déséquilibres peut entraîner une stagnation qui peut mener à la dépression.

Excès d'énergies yang et Bois

Si un élément Bois a trop d'énergie yang, il va commencer à prendre davantage de qualités du Feu. Il n'y a rien de mal à cela ; si ce n'est que ce n'est pas l'état naturel de l'élément Bois. Un élément Bois n'est pas fait pour contenir beaucoup d'énergie yang, et si cela se produit, il va brûler. C'est ce qui se passe quand l'élément Bois essaye de grandir trop vite.

Un arbre ne peut pousser qu'en fonction de la profondeur de ses racines. S'il n'est pas bien enraciné, sa croissance sera ralentie, et il peut même s'abattre. Quand il y a trop d'énergie yang, la solution est en général d'intégrer davantage d'énergie de l'élément Terre. La Terre donne au Bois l'ancrage nécessaire pour qu'il puisse continuer sa croissance, et comme nous le savons grâce au cycle d'engendrement, le Métal naît de la Terre. Ainsi, une petite dose de Métal est parfois nécessaire, en fonction de la quantité de yang en excès.

Les types Bois doivent prendre conscience des moments où ils sont épuisés. Cette leçon a été essentielle pour moi durant toute ma vie. Il faut savoir quand prendre des vacances, même si c'est pour rester chez soi. Autrement, on est forcé d'en prendre sous la forme d'une maladie ou d'autres imprévus. Par exemple, il y a eu un moment dans ma vie où j'avais trop d'énergie yang ; je savais que j'avais besoin de prendre des vacances, mais j'avais des ennuis financiers. J'ai continué d'avancer au point de pédaler dans le vide, ce qui a fini par être contre-productif. J'ai renversé de l'eau sur mon bureau, elle s'est répandue sur mon ordinateur et il a grillé. J'aurais préféré dépenser les 1 500 dollars que m'a coûté son remplacement pour faire un beau voyage à Hawaï !

Compatibilité

Les types Bois sont en général aimables, parce qu'ils ont une souplesse qui leur permet de s'adapter dans presque toutes les situations. Ils peuvent « changer de forme », passer de l'introversion à l'extraversion, et ont besoin de relations qui peuvent accepter l'une et l'autre. Regardons comment le Bois interagit avec les autres types élémentaux.

Bois et Eau

Les types Bois et Eau sont en général compatibles. L'élément Bois a besoin de l'influence des gens Eau pour qu'ils l'alimentent en idées. L'Eau calme aussi le Bois, mais trop d'influence Eau peut maintenir son énergie à un niveau assez bas. Le Bois se sent extraverti en compagnie d'un type Eau. Ceci fait ressortir un côté très différent du type Bois que lorsqu'il est avec ses compagnons du Feu.

Bois et Bois

Entre deux éléments Bois, les idées fusent ! Ce duo dynamique ne cesse d'avoir de nouvelles idées. Ils sont au courant de toutes les dernières nouveautés et ils aiment pratiquer des activités ensemble. Ils peuvent agir assez rapidement, et parfois trop rapidement. Leur difficulté est d'avoir l'ancrage et le soutien nécessaire pour que leurs idées puissent vraiment s'enraciner dans un succès à long terme.

Bois et Feu

Les types Feu donnent à l'élément Bois la passion qui est nécessaire à son aspiration et à son progrès. Les types Bois aiment ça, et les types Feu aiment les aider ; ensemble, ils forment donc un couple formidable. L'élément Feu, dans cette relation, apparaîtra comme le dominant ; mais c'est le Bois qui contrôle le Feu. Le type Bois agit ici davantage en coulisses, mais c'est lui qui a l'énergie la plus ancrée des deux.

Bois et Terre

Cette combinaison peut être intéressante. Parce que le Bois est l'élément qui contrôle la Terre, leur relation peut être parfois tendue. Là où le Bois ne voit que croissance, la Terre ne voit que le *statu quo*. En conséquence, il peut y avoir une véritable différence entre leurs façons de voir le monde. Cependant, une fois établi un respect mutuel, cette relation peut devenir très enrichissante. Le Bois a besoin de la Terre pour son ancrage, et la Terre a besoin de l'énergie yang que le Bois fournit.

Bois et Métal

Cette relation peut être difficile, sauf si chacun des deux parvient à apprécier l'autre pour l'aide qu'il lui apporte. Le Métal est l'élément qui contrôle le Bois, et il menace donc d'inhiber sa croissance. Un type Métal force le type Bois à s'affirmer, bien qu'écouter les suggestions du type Métal puisse aussi souvent être profitable au type Bois. Une fois la paix établie, le Métal peut être utile au Bois et ne plus représenter une menace.

CHAPITRE SIX – Types Feu : Les réalisateurs

L'archétype de l'élément Feu est le réalisateur. Les types Feu amènent l'énergie à son potentiel le plus élevé ou au plus fort de la manifestation physique. Les types Feu ajoutent la passion et l'action nécessaires pour que les projets, les groupes, les situations ou les idées se manifestent pleinement. Là où l'élément Bois amorce l'énergie, l'élément Feu ajoute l'étincelle nécessaire pour qu'elle s'exprime pleinement. Il agit comme un catalyseur pour les idées existantes et il a donc la capacité de faire arriver les choses rapidement.

Correctement concentré, le feu est comme un rayon laser. Cette aptitude à se concentrer est une autre raison pour laquelle les types Feu ont une capacité de manifestation incroyable. L'élément Bois se sert de son adaptabilité et de son courage pour mettre l'énergie en mouvement, tandis que l'élément Feu se sert de son enthousiasme et de sa concentration extraordinaires. Quand nous nous servons de notre aptitude à nous concentrer, et que nous faisons porter toute notre attention sur quelque chose, la possibilité qu'elle se réalise est augmentée de manière radicale. Quand nos pensées sont dispersées, il nous est difficile de faire se produire quoi que ce soit, parce que l'énergie ne sait pas où aller. Si ceci est vrai pour tout le monde dans une certaine mesure, la capacité à se concentrer est le don (et la difficulté) des types Feu.

Traits de personnalité

Ceux dont le Feu est l'élément dominant sont en général extravertis. Ce sont des gens ouverts et heureux qui aiment s'amuser. Fidèles au caractère de cet élément yang ardent, les types Feu déploient beaucoup d'énergie. Ce sont des gens enthousiastes et passionnés qui apporteront l'énergie nécessaire à la réalisation des projets. Le Feu a en lui une capacité transformatrice intrinsèque et il est capable de rassembler les gens. Comme le feu, les types Feu émettent de la lumière dans le monde, et aident les gens à rire, à connaître la joie, à s'animer et à se relier les uns aux autres. Ils font d'excellent collecteurs de fonds, meneurs, vendeurs, politiciens, acteurs, conférenciers-motivateurs, artistes et coordonnateurs d'événements. Les types Feu donnent le meilleur d'eux-mêmes quand ils travaillent avec d'autres personnes. Sinon, leur énergie peut avoir du mal à trouver un exutoire adapté.

En médecine chinoise, l'élément Feu est associé au réseau organique du cœur. Ce n'est pas surprenant, car les types Feu sont gouvernés par leur cœur. L'élément Feu est rempli de chaleur, de passion, de compassion et d'excitation, des caractéristiques qui viennent du cœur, pas de la tête. Cet aspect fait d'eux des gens sensibles, intuitifs et parfois vulnérables.

Le cœur émet plus d'énergie électromagnétique que tout autre organe de notre corps. C'est le centre par lequel nous pouvons manifester. En d'autres termes, notre cœur est comme un aimant géant qui attire ce que nous désirons le plus. Il n'est pas étonnant que les types Feu soient hautement intuitifs en plus d'être de grands réalisateurs. Cependant, l'énergie du cœur peut aussi leur nuire quand ils sont déséquilibrés.

Difficultés

Imaginez que vous êtes assis autour d'un feu de joie quand ses flammes sont les plus hautes. Le feu commence à crépiter et envoie des étincelles de ci, de là. Ces étincelles sont un signe du déséquilibre de l'énergie du Feu : elles s'éparpillent et perdent leur concentration. Les types Feu ont aussi tendance à réagir vivement aux situations, au lieu de les aborder de façon calme et posée. En conséquence, ils peuvent parfois paraître fougueux ou irrationnels. L'émotion négative la plus fréquente pour les types Feu est l'anxiété, et ils y sont particulièrement sujets quand ils n'ont pas d'exutoire adapté pour leur énergie passionnée. L'anxiété est une énergie qui n'a nulle part où aller, et quand elle est alimentée par la passion, cette énergie excédentaire peut souvent produire une colère explosive.

Étant dominés par le plus yang de tous les éléments, les types Feu ont beaucoup d'énergie, et elle doit bien aller quelque part. Si elle n'est pas correctement canalisée, cette énergie les suivra même la nuit dans leur sommeil, qui peut être agité ou peuplé de cauchemars. Il est extrêmement important pour les types Feu de faire suffisamment d'exercice physique, car cela les aide à rediriger leur énergie en excès. L'exercice physique peut aussi aider les types Feu à maîtriser leur énergie pour combattre l'anxiété, mieux se concentrer et améliorer la qualité de leur sommeil. Que l'élément Feu domine ou non en nous, nous avons tous des périodes où nous faisons l'expérience de l'énergie Feu, auquel cas l'exercice physique peut grandement nous aider à retrouver notre équilibre.

Excès d'énergies yin et Feu

Si une personne de type Feu manque de son élément natal, elle n'aura pas la joie de vivre qui lui est naturelle. Dans la plupart des cas, c'est parce qu'elle n'a pas d'exutoire adapté pour canaliser ses énergies. Cela peut la rendre nerveuse, déconcentrée, improductive, lui donner l'impression de pédaler dans le vide et l'amener à exprimer une insatisfaction générale de l'existence. Elle n'a plus de but, parce qu'elle n'a plus de passion, et sans passion, elle se sent perdue. Les types Feu ne sont pas normalement sujets à la dépression, mais dans des cas extrêmes, leur niveau d'énergie peut imploser, et ils peuvent devenir déprimés, en général seulement après avoir épuisé toute leur anxiété.

Si une personne de type Feu manque d'énergie, l'influence de l'énergie Bois peut lui être utile. Elle peut la rechercher en elle-même, ou en quelqu'un dominé par l'élément Bois. Le Bois nourrit le Feu, et peut planter une graine, ou mettre une autre bûche sur le feu pour remettre la machine en marche. On peut trouver l'inspiration tout simplement en allant dans une librairie à la recherche d'un nouveau centre d'intérêt. Le

Bois cherche toujours de nouvelles idées et de nouvelles aventures, et le Feu est toujours prêt à ajouter son énergie fulgurante à ces projets. S'ils ont l'impression de manquer d'énergie, les gens de type Feu peuvent la ranimer par l'exercice physique. Le mouvement, sous toutes ses formes, est important pour leur permettre d'alimenter leur feu. Être entouré de gens peut aussi leur être utile. Leur compassion pour les autres peut leur rappeler leur propre passion. La solitude n'est pas ce qui convient le mieux aux gens de type Feu, sauf quand ils ont connu trop d'énergie Feu, auquel cas ils ont besoin de faire retraite pour se rééquilibrer.

Excès d'énergies yang et Feu

Les types Feu sont du genre à toujours foncer jusqu'à être complètement épuisés. Ils ne sont jamais au ralenti ; ils n'ont que deux réglages : *on* et *off*. Et malheureusement, notre société encourage l'énergie de type Feu. Quand un type Feu a dépassé le point d'épuisement, il est passé par un stade d'excès d'énergie yang. Sa flamme s'éteint rapidement et il va probablement rechercher la solitude. S'il est généralement stimulé par la compagnie d'autrui, le type Feu peut aussi être trop stimulé. Il est extrêmement sensible à l'énergie des autres à cause de sa puissante énergie du cœur. Sa sensibilité et sa compassion lui donne envie de plaire aux gens, ce qui peut lui donner l'impression qu'il doit toujours être en mode *on* ; mais agir ainsi épuise son énergie. Les personnes qui l'entourent, et le temps qu'il passe avec elles, vont beaucoup affecter la quantité (excessive ou insuffisante) de son énergie Feu natale. Il est donc important pour lui d'équilibrer le temps qu'il passe en société et dans la nature.

Plus il est épuisé, plus il lui faudra de temps pour récupérer. La présence de l'eau peut avoir un effet apaisant sur les types Feu, en particulier s'ils ont tendance à accumuler trop d'énergie yang. Les gens dominés par l'élément Feu devraient limiter leur consommation de caféine et éviter les plats épicés. L'une et les autres stimulent les feux intérieurs, ce qui peut provoquer encore plus d'excès d'énergie.

Compatibilité

Les types Feu aiment les gens et les relations, que ce soit à deux ou en groupe. Ils sont les plus ouverts de tous les types élémentaux, les relations ayant une grande priorité dans leur vie. Mais comme toujours, il est possible d'abuser des bonnes choses. Les types Feu ont besoin d'avoir un refuge loin des autres, pour recharger leurs batteries. Voyons maintenant comment les types Feu interagissent avec les autres types élémentaux.

Feu et Bois

Les Éléments Feu et Bois sont aisément compatibles. Étant tous deux des éléments yang, ils partagent des niveaux similaires d'énergie et se comprennent facilement. Ils peuvent former une bonne équipe pour réaliser des projets, le Bois étant l'initiateur et le Feu le réalisateur. Le Feu aime les idées du Bois, et le Bois aime l'enthousiasme que le Feu apporte. C'est une excellente combinaison, pleine d'énergie et de sens pratique pour tenir la distance.

Feu et Feu

Ce duo peut être beaucoup trop brûlant. L'expression « trop de cuisiniers gâtent la sauce » en donne une très bonne description. Ne soyez pas surpris si un conflit surgit entre eux, car l'un et l'autre recherchent l'attention et veulent occuper le devant de la scène. Ils peuvent aussi s'épuiser mutuellement. Mais ils ont la même façon de voir la vie, et apprécient chacun la passion de l'autre. Ils donnent le meilleur d'eux-mêmes quand ils participent à des activités en groupe.

Feu et Terre

Ces deux éléments sont aisément compatibles et se respectent mutuellement. La Terre fournit l'énergie d'ancrage qui profite aux passions du Feu. Quant au Feu, il fait sortir la Terre de son immobilisme et lui ajoute une petite étincelle de vie.

Feu et Métal

Cette relation peut être un peu tendue : le Feu est l'élément qui contrôle le Métal. Le Feu sera dominant dans cette relation et aidera le Métal à se détendre. Le Feu apporte au Métal un sentiment de vulnérabilité, ce qui est l'état dont le Métal a le plus peur (mais aussi celui qui le libère le plus). De son côté, le Feu se sentira limité par le monde contrôlé dont le Métal a tant besoin et tant envie.

Feu et Eau

Cette relation peut aller dans deux directions possible : froide et morte, ou chaude et moite. Même si l'Eau est introvertie et le Feu extraverti, c'est l'Eau qui contrôle le Feu. C'est une position dont le Feu n'a pas l'habitude, mais avec la bonne personne, l'Eau peut être pour le Feu comme un souffle d'air frais. Dans d'autres cas, cependant, l'Eau va éteindre le Feu comme une douche froide.

CHAPITRE SEPT – Types Terre : Les stabilisateurs

L'archétype de l'élément Terre est la mère. Vous pouvez voir les individus de l'élément Terre comme les mères poules du monde. À un moment ou un autre, la plupart des mères incarnent des aspects de l'élément Terre. Les types Terre aiment avoir leur famille et leurs amis aussi proches d'eux que possible.

Les éléments Terre fournissent la scène sur laquelle les autres éléments jouent, exprimant leurs diverses caractéristiques yin et yang. Les éléments Terre sont plus qu'heureux de fournir cette plate-forme ; ils sont les supporters qui restent en coulisse et n'ont besoin ni de reconnaissance, ni de visibilité. En même temps, ils aiment avoir l'impression de contrôler tout et tout le monde. Ils peuvent ainsi se sentir en sécurité. Les éléments Terre se satisfont en général d'un minimum de changements. Ils sont toujours là pour offrir une épaule sur laquelle pleurer, une oreille pour écouter ou une main pour aider. Ils sont les forces d'ancrage qui nous régulent tous.

Traits de personnalité

Les éléments Terre sont des gens bien ancrés et terre-à-terre. Ils aiment le *statu quo* et résistent au changement autant que possible. Les types Terre sont fiables et dignes de confiance ; ils savent écouter. Leur vie est en général sous leur contrôle, dans toute la mesure du possible, et dépourvue de chaos. C'est pourquoi leurs amis et leur famille se reposent sur eux et comptent sur leur soutien. Les éléments Terre font d'excellents enseignants, guérisseurs, thérapeutes, juges, médiateurs, agents immobiliers et joueurs d'équipe.

Si les éléments Terre font d'excellents joueurs d'équipe, c'est parce qu'ils sont capables de maintenir la paix au sein d'un groupe. Ils détestent le conflit et ils s'efforcent toujours de trouver l'harmonie dans leurs relations, même si ce n'est pas la leur. Ils sont prêts à prendre un coup pour leur équipe si nécessaire et sacrifient souvent leurs désirs à ceux d'autrui. Malheureusement, ceci peut donner du ressentiment plus tard, si cette tendance n'est pas maîtrisée. Les éléments Terre évitent de faire tanguer le navire pour maintenir la paix et l'harmonie dans un groupe.

Bien que les éléments Terre évitent le changement, quand il leur arrive de changer, c'est souvent de façon radicale. On peut dans ces cas-là sentir la terre bouger comme pendant un tremblement de terre. Ils prennent leur temps et réfléchissent beaucoup avant d'agir. Ils ont tendance à être têtus dans leur façon d'aborder le changement et à ne pas écouter les avis des autres.

Difficultés

La plus grosse difficulté des éléments Terre est le changement. Si l'énergie d'ancrage est le don offert par les types Terre, elle peut aussi leur nuire. Après tout, le changement est inévitable, et les types Terre ont du mal à s'y adapter. En général, ils n'en prennent pas l'initiative, et le changement finit par leur tomber dessus ; comme à chacun de nous à un moment ou à un autre de notre vie.

Même si nous ne sommes pas dominés par l'élément Terre, il y a des moments où nous résistons tous au changement et où nous voulons juste que les choses restent telles qu'elles sont. Cependant, si nous ne changeons pas volontairement, si nous n'évoluons pas, nous y serons contraints, parce que c'est inévitable. Parce que les éléments Terre résistent au changement, il leur cause beaucoup de stress quand il se produit. En fait, ils sont peut-être encore plus inquiets et stressés à l'idée de la possibilité du changement que par le changement lui-même.

L'inquiétude est l'émotion que les éléments Terre connaissent le mieux. Par exemple, quand un type Terre apprend qu'un de ses amis déménage, sa vie lui semble soudainement échapper à son contrôle. Cette possibilité l'inquiète probablement depuis des mois. En essayant de faire en sorte qu'un tel changement ne se produise pas, il va donner à son ami tous les moyens possibles pour qu'il n'ait pas à déménager. On peut s'inquiéter dans n'importe quel type de relation : professionnelle, familiale ou amoureuse. Dans une relation codépendante, le type Terre est souvent celui qui essaie de contrôler les situations afin d'éviter tout changement potentiel.

Les types Terre sont très doués pour prendre soin des autres, mais s'ils en font trop, ils peuvent devenir irritants, trop protecteurs, fouineurs et indiscrets. Entre leur désir de sécurité et leur besoin de nostalgie, ils ont tendance à s'accrocher aux choses, ce qui leur donne une tendance à amasser toutes sortes d'objets. Cette tendance peut aussi se voir sur les plans mental et émotionnel : ils peuvent être rancuniers, s'accrochant à des griefs et à des souvenirs déplaisants. Les types Terre sont aussi souvent le membre de la famille qui va hériter de meubles transmis de génération en génération et dont personne d'autre ne veut.

Excès d'énergies yin et Terre

Trop d'énergie Terre peut amener quelqu'un à être trop ancré dans le corps physique et pas assez dans le monde spirituel. Un excès d'élément Terre aboutit à la stagnation. La vie s'arrête, ce qui peut mener à la dépression. Pour les éléments Terre, cette situation peut être délicate. Ils ont l'impression que leur vie stagne et qu'elle ne les satisfait pas ; mais d'un autre côté, ils ne sont pas prêts à apporter les changements nécessaires pour faire avancer les choses. Par exemple, ils peuvent avoir un emploi qu'ils n'aiment pas, mais ne pas être prêts à faire les changements nécessaires pour le quitter parce qu'ils ont peur du changement ; ils sont dans une situation inextricable.

Un excès de Terre est en réalité un trop-plein d'énergie yin, une incapacité à mettre les choses en mouvement. Dans ce cas, le conseil est d'ajouter des énergies Bois et Feu. Le Feu est nécessaire pour leur donner la passion dont ils ont besoin pour s'enthousiasmer à l'idée d'un changement ; tandis que le Bois est nécessaire pour amorcer ce changement. Le meilleur moyen d'apporter un grand changement dans votre vie, c'est d'avoir une vision passionnée de ce que vous voulez, ce qui vous aide à être prêt à le mettre en mouvement.

Il est toujours plus facile d'avancer vers quelque chose que vous voulez que de s'éloigner de quelque chose que vous ne voulez pas. Si vous voulez déménager, il est plus facile d'avoir une vision d'une maison ou d'une ville où vous voudriez vivre que de vous éloigner de votre domicile actuelle ou de vos conditions de vie présentes. Pour avoir l'enthousiasme (énergie yang) nécessaire pour avancer, vous devez penser à ce que vous voulez, plutôt que vous concentrer sur ce qui est habituel et confortable (énergie yin).

Excès d'énergies yang et Terre

L'élément Terre représente l'équilibre du yin et du yang ; il y a trop d'énergie yang quand il y a trop d'énergie Feu ou Bois. L'élément Terre est nécessaire pour que l'énergie yang s'ancre correctement. Rappelez-vous de l'analogie avec la plante, au chapitre précédent. Quand vous plantez une fleur, elle doit avoir assez de terreau pour se maintenir droite, mais aussi pour que ses racines s'enfoncent afin que la plante puisse continuer de pousser. De même, une maison doit être construite sur des fondations solides.

Les schizophrènes présentent un exemple extrême d'un manque d'énergie d'ancrage. Toute leur énergie est située dans les régions supérieures de leur champ énergétique, mais pas dans leurs jambes ou leurs pieds. En conséquence, ils ne sont pas ancrés dans la terre et dans la réalité présente. À chaque fois que nous ne sentons pas ancrés, nous sommes trop dans notre tête. En tant qu'êtres humains, occupant un corps physique, nous devons avoir une partie de notre énergie dans le monde physique, et non seulement dans les dimensions mentale et spirituelle. Si vous ne vous sentez pas ancré, l'un des meilleurs remèdes est de vous connecter littéralement à la terre : plantez des fleurs, allongez-vous dans l'herbe ou promenez-vous dans la nature.

Compatibilité

Dans leurs relations, les types Terre ont tendance à soigner et à prendre soin des autres, que ce soit avec leurs amis, leur famille ou leurs partenaires amoureux. Ils dorlotent et soutiennent ceux qui les entourent, parfois même à leur propre détriment. Voyons maintenant comment les types Terre interagissent avec les autres types élémentaux.

Terre et Feu

Les éléments Terre et Feu sont très compatibles et se soutiennent mutuellement. Le Feu donne à la Terre l'énergie nécessaire pour l'empêcher de tomber dans l'immobilisme et la stagnation. L'élément Terre aide l'élément Feu à rester ancré afin de ne pas s'épuiser.

Terre et Terre

Deux éléments Terre ensemble forment une relation très confortable. Ils se satisfont des mêmes choses, mais il peut leur manquer l'énergie de se développer et d'évoluer, ce qui peut finir par causer de l'agitation à un moment donné.

Terre et Métal

Les éléments Terre et Métal sont compatibles ; ils ont une relation bon enfant, et chacun apprécie la compagnie de l'autre. Le Métal a tendance à mener la danse, et la Terre sera heureuse de le suivre en sachant qu'elle détient en définitive le véritable pouvoir dans cette relation.

Terre et Eau

Cette association peut être harmonieuse, ou un peu comme celle de l'huile et de l'eau. La Terre est l'élément qui contrôle l'Eau, et elle peut donc causer à l'Eau quelques problèmes. La Terre retient l'Eau, et l'Eau n'aime pas être retenue, du moins, la plupart du temps. Et à cause de la nature yin de l'Eau, tous les deux peuvent se retrouver « embourbés », en quelque sorte, incapables d'aller de l'avant.

Terre et Bois

La relation entre la Terre et le Bois peut être positive si chacun est prêt à reconnaître les dons de l'autre. Ils ont tous deux quelque chose dont l'autre a besoin. La Terre fournit au Bois l'ancrage qui lui est nécessaire ; mais le Bois peut aussi se sentir inhiber par elle. Le Bois fournit à la Terre l'énergie yang dont elle a besoin pour produire des changements. Si la Terre donne au Bois l'espace qui lui permettra de se développer et de grandir, la relation sera harmonieuse.

CHAPITRE HUIT – Types Métal : Les organisateurs

L'archétype de l'élément Métal est l'organisateur. Vous pouvez aussi voir le Métal comme un alchimiste ou un sorcier. Ces gens ont une aptitude innée à raffiner, purifier et clarifier l'énergie. Comme un alchimiste transmute un vil métal en or en le raffinant continuellement jusqu'à ce qu'il soit parfaitement pur, l'organisateur filtre les choses, se débarrasse de ce qui n'est pas nécessaire et ne laisse que le meilleur de ce qui est vraiment nécessaire. La façon dont une huître façonne une perle à partir d'une impureté dans sa coquille est un autre exemple de ce processus alchimique.

L'élément Métal est le commencement du cycle yin, et donc, au lieu d'émettre de l'énergie dans le monde, il en extrait l'énergie inutile. Les éléments Métal sont les maîtres du lâcher prise. Les types Métal retirent les scories jusqu'à ce que la meilleure version de chacun puisse s'exprimer. Comme l'énergie décroît après la phase du Feu, elle devient une version plus raffinée et plus ordonnée d'elle-même. Par exemple, j'ai écrit ce livre, mais c'est mon éditeur qui lui a donné le meilleur format possible.

Les éléments Métal ajoutent de la précision à tout projet. Si le Bois et le Feu ont une vision d'ensemble, le Métal se concentre sur les détails. Leur travail passe souvent inaperçu, parce qu'ils sont en général calmes et souvent solitaires. Ce sont les héros oubliés de nombreux projets. Les types Feu finissent généralement par occuper le devant de la scène et par recevoir tous les honneurs, mais cela n'est possible que grâce au raffinage de l'élément Métal.

Traits de personnalité

Les types Métal sont des organisateurs naturels et ils gardent les choses sous contrôle et conformes au plan de départ. Ils sont orientés vers les détails, concentrés et apportent l'ordre au chaos. Les éléments Métal se servent de règles, de structure et de systèmes pour contrôler l'énergie yang et la raffiner au maximum. Ce sont les éditeurs de la vie ; leur spécialité, c'est amender, retrancher et critiquer. En conséquence, l'énergie est portée à son état le meilleur et le plus pur. Les éléments Métal font d'excellents comptables, ingénieurs, scientifiques, éditeurs, architectes, concepteurs, assistants de direction et organisateurs professionnels.

Les éléments Métal sont calmes et introvertis, mais ils sont toujours conscients de tout ce qui se passe. Ils voient la vie en termes de catégories et ils ont d'excellentes capacités d'analyse. Parce qu'ils sont organisés, ils sont incroyablement efficaces. Dans leurs conversations, ils ont tendance à être directs, sans chercher à faire de fioritures En conséquence, ils ont souvent un esprit étonnamment vif. Ils ont tendance à avoir un environnement ordonné, leurs vêtements étant rangés par couleur et leurs boîtes de photos clairement étiquetées.

Difficultés

La principale difficulté des éléments Métal est qu'ils sont obsessionnels, perfectionnistes ou trop rigides dans leur façon de penser. Porté à l'extrême, leur besoin de contrôle s'étend à tout ce qui les entoure. Les types Métal peuvent être difficiles à vivre, parce qu'ils sont difficiles en ce qui concerne leur environnement. Non seulement ils ont besoin d'ordre et de propreté, mais ils sont extrêmement difficiles quant au type de meubles qu'ils veulent avoir. Et si le lâcher prise est l'un de leurs plus grands dons, s'ils vont trop loin, ils peuvent se séparer de choses qu'ils regretteront plus tard.

Les types Métal peuvent aussi facilement porter des œillères et être incapables d'avoir une vision d'ensemble. Ils sont d'abord gouvernés par leur tête et oublient l'autre moitié de leur être, leur cœur. Ils ont un tel don pour l'analyse qu'ils peuvent facilement oublier de tenir compte de leurs émotions. Les types Métal peuvent être trop analytiques et trop critiques, mais ne vous y trompez pas : ils peuvent être leur pire critique et souffrir de discours intérieur négatif. Les types Métal peuvent aussi négliger leur intuition : étant tellement doués de capacités analytiques, ils peuvent parfois négliger leur intuition et celle d'autrui.

Excès d'énergies yin et Métal

Trop de yin et d'élément Métal se manifeste sous la forme d'un manque d'alimentation adéquate pour l'énergie. Par exemple, toutes les grandes idées amorcées dans la phase Bois et manifestées dans la phase Feu auront besoin de l'ancrage de la Terre et de l'enrichissement du Métal. Mais si cet enrichissement est insuffisant, le résultat ne sera pas à la hauteur de ce qu'il aurait pu être. Le Métal contrôle l'énergie yang ardente qui aurait autrement été dispersée et floue. Il est plus typique des types Métal de connaître un excès de yang.

Excès d'énergies yang et Métal

Un excès d'énergie yang apparaît comme de la rigidité pour les types Métal. Cette rigidité commence sur le plan mental, par un enfermement ou une étroitesse d'esprit. Et le corps finit par manifester l'esprit, de sorte que la rigidité se voit en lui, sous la forme de muscles raidis et d'un manque de souplesse. Dans mon enfance (et selon l'astrologie chinoise) j'étais surtout de type Métal. J'étais incroyablement raide et je pouvais à peine toucher mes genoux, sans parler de mes orteils. Quand j'ai commencé à pratiquer le yoga, un peu avant trente ans, mon corps et mon esprit ont commencé à s'assouplir. Quand mon esprit s'est ouvert, mon corps est devenu plus souple.

Avec le temps, j'ai commencé à incarner de plus en plus l'élément Bois, qui me semble plus en alignement avec mon être véritable. Je crois que j'avais trop de Métal dans ma jeunesse, ce qui a provoqué cette rigidité dans mon esprit et mon corps. Cette transformation du Métal au Bois se voit aussi dans mon changement de carrière, du droit des affaires aux arts thérapeutiques.

Compatibilité

Les types Métal sont plus déconnectés dans leurs relations que les éléments yang. Étant plus introvertis, ils se concentrent plus sur les lieux et sur les objets que sur les gens. Cela dit, ils apprécient les relations et sont souvent attirés par des types yang pour équilibrer leur énergie. Voyons comment les types Métal interagissent avec les autres types élémentaux.

Métal et Terre

Les types Métal et Terre travaillent bien ensemble. Ils ont suffisamment de choses en commun là où ils se comprennent et suffisamment de différences pour rendre les choses intéressantes. La Terre se sent en sécurité avec le Métal, et le Métal se sent apprécié. Ensemble, il peut leur manquer une énergie suffisante pour démarrer des projets, et ils ont besoin de plus d'énergie Bois ou Feu autour d'eux pour faire avancer les choses.

Métal et Métal

Deux types Métal peuvent mener à un foyer ou un bureau extrêmement bien organisé. Les systèmes seraient bien en place, et toute l'opération serait une machine bien huilée ; tant que les deux types Métal sont d'accord sur les systèmes et les règles en place. Ce serait une relation basée plus sur l'attraction des esprits que des cœurs.

Métal et Eau

Ces deux éléments se comprennent bien, car l'un et l'autre sont en général calmes et contemplatifs. Mais leur relation peut manquer d'énergie. Chacun de ces éléments travaille mieux avec plus d'éléments yang autour d'eux pour équilibrer la lourdeur éventuelle du Métal et de l'Eau.

Métal et Bois

Cette relation peut être difficile, car il y a beaucoup de tension entre le Métal et le Bois. Le Métal contrôle le Bois et les types Bois n'aiment pas être contrôlés. Avec le temps, la relation peut se teinter de ressentiment, sauf s'il y a un respect mutuel, auquel cas elle peut réussir.

Métal et Feu

Les éléments Métal et Feu ont une relation compatible. Ensemble, ils associent contrôle et passion, ce qui produit une combustion contrôlée. Le Feu est l'élément qui contrôle le Métal, et il peut être intimidant à cause de sa passion débridée. Cependant, l'élément Feu apprécie le raffinement que le Métal apporte à la relation, qui aide à calmer l'énergie anxieuse et déconcentrée du Feu.

CHAPITRE NEUF – Types Eau : Les philosophes

L'archétype de l'élément Eau est le philosophe. Comme l'Eau est le plus yin de tous les éléments, ceux qui ont une prédominance d'Eau rentrent leur énergie en eux. Les types Eau sont donc en général des introvertis. Quand l'énergie est rentrée, nous devenons calmes, intuitifs, introspectifs et nous nous sentons davantage connectés à l'énergie de la Source. Un autre archétype de l'élément Eau pourrait être le méditant. C'est quand nous devenons calmes et réfléchis que nous laissons entrer en nous la sagesse et la compréhension. C'est ce calme intérieur, et cette familiarité avec la solitude, qui donnent aux types Eau leur force. L'élément Eau incarne la beauté intérieure et la force tranquille de l'énergie yin.

Traits de personnalité

Ceux qui ont une dominante de l'élément Eau sont calmes en général et sont souvent même caractérisés comme des solitaires. Parce qu'ils n'attirent pas l'attention sur eux-mêmes, on les sous-estime souvent. Ils sont les plus connectés à l'énergie de la source divine, et donc ceux qui ont le plus de chances de canaliser des informations dont tous les autres éléments ont besoin. Dans une situation de groupe, l'élément Eau sera assis au fond de la pièce, sans que personne ne le remarque. Sortis de nulle part, ils vont surprendre et épater tout le monde avec leur incroyable capacité de perception.

Les types Eau aiment la solitude et la contemplation des mystères de l'existence. Ils ont tendance à vivre de façon minimaliste, sans besoin d'extravagance : ils sont très proches du monde spirituel, et le monde physique n'a donc pas beaucoup d'importance pour eux. Si les éléments

Bois et Feu créent des choses dans le monde physique, l'Eau est immergée dans le monde non physique de la pensée. Dans les situations sociales, ils préfèrent les discussions en tête à tête. Il est difficile pour eux de parler de questions superficielles, et ils préfèrent de beaucoup discuter de sujets de nature philosophique. Ils ont souvent une carte de bibliothèque sur eux, car en général ils aiment lire.

À chaque fois que nous recherchons la solitude, ou que nous voulons être seuls, nous puisons dans notre élément Eau intérieur, et c'est le cas quand nous méditons ou quand nous entrons dans le monde du rêve, pendant notre sommeil. Ce que nous faisons, c'est entrer en nous-mêmes, et nous relier à l'énergie de la source divine. Avez-vous déjà fait l'expérience, en méditation ou en rêve, de recevoir une idée venue de nulle part ? C'est le résultat d'une forte énergie yin. Une expérience plus yang serait de répandre de l'énergie dans toutes les directions.

Les éléments Eau font d'excellents écrivains, poètes, penseurs, psychothérapeutes, travailleurs en soins palliatifs, artistes et toute occupation où ils peuvent travailler de façon autonome. Les types Eau évitent le feu des projecteurs et préfèrent rester à l'arrière-plan.

Difficultés

La principale difficulté de l'élément Eau est d'éviter d'être trop solitaire. Si vous avez un ami (mais peut-être êtes-vous cet ami-là) dont vous n'entendez pas parler pendant des semaines ou des mois, et dont vous demandez où il est passé, il a très probablement beaucoup d'énergie Eau. Si les individus de type Eau apprécient la solitude, passer trop de temps seul peut mener à la léthargie et à un manque de motivation et de désir. Les types Eau se sentent plus à l'aise dans le monde spirituel et oublient parfois comment fonctionner dans le monde physique ; il peut parfois leur sembler trop écrasant.

Étant le plus yin des éléments, le type Eau peut facilement devenir déprimé en raison d'un manque d'énergie. Son esprit peut facilement l'emmener sur des chemins obscurs, et le retour peut être difficile. Parce qu'ils passent le plus clair de son temps dans son esprit, il peut lui être difficile d'entrer en relation avec le monde physique où vivent presque tous les autres êtres humains. Certains types Eau peuvent être vus comme un peu excentriques en raison du temps qu'ils passent seuls. Il est important pour eux d'avoir des activités ou de voir des gens qui leur apportent suffisamment d'énergie et des liens au monde physique.

Excès d'énergies yin et Eau

Il est inhabituel qu'un élément Eau manque d'énergie yin. En fait, ils ont plutôt tendance à en avoir trop. Cela dit, les gens en général, quelle que soit leur constitution élémentale, ont souvent trop peu d'Eau. Nous vivons dans une société très yang qui exige constamment notre attention dans toutes les directions. La technologie a fait passer le *multitasking* à un nouveau niveau, et notre énergie est tirée dans toutes les directions, sauf vers l'intérieur.

Si vous avez l'impression que votre énergie est trop éparpillée, il est important d'intégrer davantage d'énergie yin dans votre vie quotidienne. Dormir suffisamment est notre activité yin la plus importante, car le sommeil est notre moyen naturel d'équilibrer l'énergie yang exigé par nos activités quotidiennes. Un manque d'équilibre entre nos habitudes de veille et de sommeil aboutit à une maladie. La méditation est une autre activité yin qui peut être utilisée pour contrebalancer la frénésie de notre vie. Des études scientifiques ont démontré les nombreux bienfaits de la méditation pour détendre notre esprit, et donc notre corps. Vingt minutes de méditation sont équivalentes à deux heures de sommeil. Parmi les autres activités yin, citons des formes douces de yoga, le tai chi ou tout mouvement qui exige un rythme plus lent.

Excès d'énergies yang et Eau

Ceux qui sont nés avec un élément Eau dominant ont tendance à avoir trop de yin plutôt que trop de yang. Un excès d'énergie Eau et yang peut mener aux difficultés indiquées ci-dessus, dont la léthargie, la dépression et un manque général de motivation. Dans ces cas-là, il est important d'intégrer davantage d'énergie Bois et Feu. Par exemple, il est recommandé de s'exposer au soleil. Dans les régions peu ensoleillées, une lampe solaire peut se révéler utile. Faire une promenade, ou ajouter davantage de mouvements dans les habitudes quotidiennes, peut aussi contribuer à stimuler plus d'énergie Bois.

Compatibilité

Étant dominés par le plus yin des éléments, les types Eau sont aussi les plus introvertis. Ce n'est pas par timidité, mais par désir d'être seul et de se relier à un monde intellectuel ou spirituel. Leurs relations avec autrui se placent plutôt à un niveau individuel qu'en groupe. Voyons comment les types Eau interagissent avec les autres types élémentaux.

Eau et Métal

L'élément Eau et l'élément Métal ont une relation agréable. Comme l'un et l'autre sont yin, ils ont des niveaux d'énergie similaires. L'élément Métal aura une tournure d'esprit plus technique, tandis que l'élément Eau sera plus abstrait, mais tous deux voient le monde de la même manière et ont énormément de choses en commun.

Eau et Eau

Deux éléments Eau donnent beaucoup d'énergie yin. Sans leurs conversations stimulantes, ces deux-là pourraient bien finir par s'éteindre mutuellement. Il est très probable qu'ils auront besoin d'un peu d'énergie yang dans leur vie pour alimenter leur feu intérieur.

Eau et Bois

Ensemble, les énergies Bois et Eau peuvent constituer une relation de puissant soutient mutuel. Le Bois donne à l'Eau un peu de l'énergie dont elle a besoin, et l'Eau est comme une source d'idées et d'inspiration pour l'élément Bois.

Eau et Terre

Un élément Eau et un élément Terre peuvent tout à fait se retrouver embourbés. Entre l'énergie yin de l'Eau et la personnalité complaisante de l'élément Terre, ces deux-là auront besoin de trouver un peu d'énergie yang pour continuer de faire avancer les choses. Sur le plan positif, ils apprécieront la compagnie l'un de l'autre dans un foyer confortable.

Eau et Feu

Ensemble, ils peuvent faire des étincelles ou s'éteindre dans un grésillement. Ils forment une magnifique équipe en amour ou au travail, parce que l'Eau donne au Feu la scène qu'il aime tant, tout en apportant calme et fraîcheur à son énergie ardente. Le Feu donne à l'Eau un peu de l'énergie yang dont elle a besoin et qui l'aide à sortir de sa coquille. Là où ils diffèrent, c'est dans leurs niveaux d'énergie, ce qui les oblige à faire des compromis pour les sorties et les activités sociales.

TROISIÈME PARTIE – SE SERVIR DES CINQ ÉLÉMENTS DANS VOTRE MAISON ET SUR VOTRE PROPRIÉTÉ

CHAPITRE DIX – Intégrer les cinq éléments dans un intérieur

Dans les parties 1 et 2, vous avez découvert ce que sont les cinq éléments, comment ils opèrent ensemble et le rôle qu'ils jouent dans votre propre constitution énergétique. Il est temps maintenant de voir comment ils sont présents chez vous. Notre foyer, tout comme notre corps mental, émotionnel et physique, est une représentation miniature de l'Univers dans son ensemble. L'endroit où nous vivons constitue un petit univers indépendant, avec sa propre combinaison d'énergies en mouvement, et il est donc important d'avoir un équilibre des cinq éléments dans votre domicile et dans vos espaces de vie. Les lieux eux-mêmes seront alors plus agréables à vivre, et vous vous y sentirez mieux. C'est là que vous pouvez vraiment commencer à créer votre sanctuaire.

Comme notre peau, notre foyer est une extension de notre énergie. Les lieux où nous habitons contiennent notre énergie, et nous incarnons aussi l'énergie de ces lieux ; c'est pourquoi la santé et l'équilibre de notre foyer est si important pour notre bien-être. Si vous vivez dans un environnement malsain, vous absorberez en vous ses énergies et vous deviendrez malsain vous-même. Plus votre foyer sera sain, plus vous serez en bonne santé sur les plans physique, mental et émotionnel.

Il y a plusieurs façons d'intégrer les cinq éléments dans un lieu. Dans l'idéal, un lieu devrait avoir un équilibre des cinq éléments dans son ensemble, dans chaque pièce, et même dans de petits agencements, comme un manteau de cheminée. Dans les chapitres suivants, vous découvrirez diverses manières d'appliquer les cinq éléments dans votre foyer. Vous pouvez appliquer les éléments dans votre foyer en vous servant de la carte Bagua du feng shui, ou pièce par pièce, suivant la fonction de chaque pièce. Vous pouvez aussi vous servir des cinq éléments pour vous aider à équilibrer votre énergie en fonction de votre constitution élémentale.

Ce que j'aime, dans l'utilisation des cinq éléments dans le foyer, c'est que non seulement votre foyer sera agréable à vivre et aura un équilibre sain, mais qu'il sera aussi très beau. Une fois que vous saurez comment vous pouvez utiliser chaque élément pour vos accessoires quotidiens et vos finitions, vous pourrez transformer votre maison en musée. Regardez un espace bien décoré : vous remarquerez qu'il contient un mélange des cinq éléments. La plupart des décorateurs et des *designers* n'ont pas conscience d'équilibrer les cinq éléments ; ils associent intuitivement des textures, des formes et des couleurs en se basant sur les principes du *design*. Vous pouvez avoir les mêmes résultats en associant les cinq éléments. Ainsi, vous aurez une maison épatante, qui sera un véritable sanctuaire de guérison pour ses occupants.

En portant un regard neuf sur votre intérieur, vous remarquerez peut-être des endroits où vous avez déjà intuitivement fait un agencement des cinq éléments. Très souvent, des touches esthétiques incluent naturellement un équilibre des éléments, ou au moins un équilibre des énergies yin et yang. Par exemple, l'association d'une piscine et d'un foyer extérieur est un rêve de décorateur, et elle combine le yin de l'eau et le yang du feu. On se sert souvent de dalles pour accentuer un tel endroit, ce qui y ajoute l'élément Métal.

Un autre exemple est l'association de l'énergie yang d'une bougie allumée et de l'énergie yin d'une pièce faiblement éclairée. La raison pour laquelle ces petites touches de décoration stéréotypées fonctionnent est la suivante : elles équilibrent les énergies yin et yang et les cinq éléments. Lorsque vous comprendrez comment les cinq éléments apparaissent dans les espaces intérieurs et extérieurs, vous pourrez devenir votre propre décorateur. En achetant vos meubles, vous reconnaîtrez les différences énergétiques des matériaux, des formes, des couleurs et des finitions. Par exemple, si vous avez une prédominance d'élément Métal dans votre salle à manger, vous pouvez choisir une table en bois pour équilibrer la pièce ; ou à l'inverse, mettre une table en métal ou en verre s'il y a une prédominance de Bois dans la pièce.

Chaque élément apparaît dans la nature sous sa forme littérale. Par exemple, l'élément Eau, sous sa forme la plus pure, est littéralement de l'eau. Dans notre foyer, dans nos lieux de vie, les éléments peuvent se présenter sous leurs formes littérales ou sous des formes symboliques. Chacun des cinq éléments est associé à une forme et à une couleur particulière qui représentent symboliquement son énergie. Vous pouvez tout à fait vous servir de ces couleurs et de ces formes pour faire entrer l'élément dans votre décoration si vous ne pouvez avoir accès à l'élément dans son état naturel.

Par exemple, vous pouvez avoir chez vous une fontaine d'intérieur pour intégrer l'élément Eau, mais vous pouvez aussi ajouter une forme ondulée à vos accessoires pour le représenter. Dans les sections suivantes, vous découvrirez des manières créatives de vous servir des cinq éléments dans votre intérieur. En fait, vous vous rendrez bientôt compte que tout dans votre maison est déjà composé d'un ou plusieurs des cinq éléments, et vous commencerez à voir les objets de votre maison d'une façon complètement différente.

Il est important de noter que la plupart des meubles et des accessoires sont composés d'un ou de plusieurs éléments, en fonction de leur complexité. Par exemple, un miroir carré a des propriétés de l'élément Bois (carré) et de l'élément Eau (miroir). Certains objets, qui présentent un agencement de couleurs, de formes et de textures, peuvent même comporter l'énergie des cinq éléments. Par exemple, on se sert souvent d'un bambou en pot comme exemple de l'union des cinq éléments : le bambou est Bois, son récipient est Terre, les cailloux sont l'élément Métal et l'eau est l'Eau bien sûr. On ajoute en général un ruban ou une ficelle rouge en décoration pour représenter le Feu.

L'art est un autre moyen d'ajouter un élément. Qu'il s'agisse d'un tableau représentant un paysage avec des arbres ou une photo du parc national de Redwood, l'élément Bois entre dans la pièce où il se trouve par le biais de l'œuvre d'art qui le représente. Cette imagerie fonctionne très bien sur notre subconscient et représente donc un moyen extrêmement efficace de transférer les éléments dans un lieu. Les couleurs, les formes, les objets et même les matériaux de fixation utilisés pour un objet d'art jouent tous un rôle dans la détermination de l'élément (ou des éléments) qui est projeté.

Dans les sections suivantes, vous verrez diverses manières d'incorporer chacun des cinq éléments dans la décoration de votre foyer. Chaque élément est associé à une forme et à une couleur spécifique. Vous trouverez aussi une liste d'exemples communs, mais elle n'est en aucune manière exclusive.

Le Bois dans un intérieur

L'élément Bois est un élément très souvent utilisé dans un intérieur. Les arbres nous donnent une abondance de bois dont on se sert pour créer des meubles et des intérieurs. Parce que le Bois est à la fois extrêmement résistant et facile à façonner, on peut lui donner beaucoup de formes dans une maison, de la charpente aux meubles et au plancher. Dans les régions où on peut facilement avoir accès à du bois de construction, ce matériau sert souvent à bâtir des maisons.

Le bois est aussi le matériau préféré des fabricants de meubles à cause de sa force et de sa malléabilité. J'ai toujours été surprise de la manière dont le bois peut conserver sa force et sa structure même après avoir été débité et coupé de sa source d'énergie. En fait, le bois est composé d'une protéine qui se renforce en séchant. La plupart des créatures vivantes perdent leur force en mourant, mais le bois devient plus fort.

Forme

La forme associée à l'élément Bois est la colonne. Tout ce qui est vertical incarne l'énergie de l'élément Bois parce que cette forme exprime une énergie de croissance et d'expansion. Les colonnes sont un élément architectural de type Bois qui est intégré dans une maison à des fins structurelles ou esthétiques. Les tiges de bambou, artificielles ou naturelles, sont un autre exemple de l'élément Bois, et les meubles hauts en sont encore un autre. Parce que l'élément Bois est de nature yang, il attire naturellement l'œil vers le haut, et non vers le bas. Le chiffre 1 est aussi une expression de l'élément Bois. La forme du chiffre 1 est verticale, et représente l'indépendance et le commandement, qui sont des qualités de l'énergie Bois.

Couleur

La couleur verte est celle qui représente l'énergie de l'élément Bois. Tout naturellement, le vert est la couleur associée à la croissance, à la nature, aux arbres et aux plantes.

Objets d'intérieur communs de l'élément Bois

- Plantes et fleurs
- Meubles en bois : chaises, tables, consoles, etc.
- Parquet en bois
- Lambris en bois
- Ébénisterie
- Colonnes
- Volets verticaux
- Coton (qui provient d'une plante)
- Tapis et moquettes
- Oreillers, draperies et tissus

Le Feu dans un intérieur

Dans un intérieur, l'élément Feu est le plus souvent présent sous la forme d'une cheminée ou d'un fourneau. Ces objets sont de toute évidence reliés à l'élément Feu, puisqu'ils émettent une flamme ou de la chaleur. En feng shui, le fourneau représente votre pouvoir personnel en raison de sa relation à l'élément Feu. Les bougies sont un autre moyen souvent utilisé pour intégrer le Feu dans un intérieur, et il n'y a rien de tel que des bougies allumées pour mettre un peu d'ambiance. Tout naturellement, il est préférable d'associer les bougies à une pièce faiblement éclairée. La combinaison du yin de la pièce et du yang de la bougie est intéressante en raison de l'équilibre et du contraste du yin et du yang.

L'éclairage, tant naturel qu'artificiel, est l'un des meilleurs moyens, et l'un des plus faciles, pour faire entrer l'élément Feu dans un lieu. Après tout, le soleil est le Feu par excellence ! Les fenêtres nous offrent un portail qui relie notre espace intérieur avec le monde extérieur, en particulier avec la lumière naturelle. Sans fenêtres, nous vivrions dans des boîtes fermées, extrêmement sombres et yin, et c'est pourquoi on perce autant de fenêtres que possible dans les murs d'une maison. Nous sommes attirés vers la lumière, en général, parce que l'élément Feu est notre force vitale. Parce que notre foyer est notre refuge contre le reste du monde, la proportion de fenêtres par rapport aux murs pleins va déterminer le rapport que nous aurons entre la visibilité publique (énergie yang) et l'intimité (énergie yin).

Remarquez l'éclairage dans votre foyer. Est-ce qu'il est plutôt tamisé (yin) ou direct (yang) ? J'ai vécu dans des endroits peu éclairés, et j'ai remarqué que cela affectait mon niveau d'énergie. Je pouvais m'y sentir bien et y faire beaucoup de siestes, mais j'avais du mal à me motiver. Est-ce que les endroits que vous préférez dans votre maison reçoivent beaucoup de lumière naturelle ou est-ce qu'ils ont tendance à être plus yin ? Dans l'idéal, nos lieux de vie devraient avoir une combinaison d'énergies qui convienne aussi bien aux moments où nous avons besoin de nous reposer et de nous tourner vers l'intérieur, et aux moments où nous voulons être dynamiques et productifs. L'élément Feu, par le biais de l'éclairage, est la meilleure manière de trouver cet équilibre. Si une pièce n'a pas assez de lumière naturelle, la lumière artificielle peut la compenser.

Ajuster la quantité de lumière naturelle qui entre par une fenêtre est un autre moyen de contrôler la quantité de Feu dans un lieu. S'il y a trop de soleil, en particulier du côté sud de la maison, il est utile de se servir de rideaux ou de stores. À l'inverse, on peut ouvrir les couvre-fenêtre pour laisser entrer plus de lumière naturelle. La nuit, les fenêtres prennent une qualité yin, parce qu'elles créent un effet de trou noir, attirant l'énergie en dehors d'un espace ; il est donc important de fermer les volets, les stores ou les rideaux la nuit.

On considère que les animaux domestiques sont reliés à l'élément Feu. Pourquoi ? Pensez à nos amis à fourrure comme à de petites boules d'énergie. (C'est peut-être aussi le cas si vous avez un enfant de deux ans qui court partout !) Les accessoires faits en matière animale sont aussi considérés comme reliés au Feu, comme les peaux d'animaux, les plumes, le cuir et les têtes d'animaux empaillées. Vous trouverez ci-dessous quelques autres manières de représenter l'élément Feu.

Forme

La forme associée au Feu est le triangle. Un triangle a trois points, le troisième étant le résultat des deux autres. Ayant trois côtés, il représente l'expansion dans son expression la plus élevée. Quand deux personnes ont besoin de s'étendre au-delà d'elles-mêmes, elles cherchent un troisième point sous la forme d'un enfant, d'un projet, d'une autre personne ou d'une cause. Le nombre trois est également associé à l'élément Feu, là aussi parce qu'il est associé au triangle.

Les objets décoratifs triangulaires ne sont pas aussi communs que les autres formes. En fait, les pointes d'un triangle peuvent créer ce qu'on appelle des flèches empoisonnées en feng shui, en référence au fait que toute pointe acérée projette de l'énergie dans un espace, dont le résultat est une énergie négative. Cependant, utilisés de façon intentionnelle, les objets triangulaires ou en forme de pyramide peuvent ajouter une étincelle d'énergie positive dans un lieu. Dans un bureau ou un espace de méditation, par exemple, on peut se servir de cristaux en forme de pyramide pour stimuler l'intention et la concentration.

Couleur

La couleur associée à l'élément Feu est le rouge. On peut se servir de couleur rouge pour ajouter une touche de Feu dans un lieu.

Objets d'intérieur communs de l'élément Feu

- Bougies
- Cheminée
- Fourneau
- Éclairage
- Ampoules électriques
- Abat-jours triangulaires
- Brique rouge
- Animaux domestiques
- Capitonnage en cuir
- Capitonnage et rembourrage en laine
- Peaux d'animaux

La Terre dans un intérieur

L'élément Terre dans un intérieur ajoute de la chaleur au lieu. Quand nous sentons que nous ne sommes plus ancrés, l'une des meilleures choses à faire est de mettre les mains dans la terre, de faire une promenade ou même de s'allonger sur le sol, parce que la terre est une ancre naturelle. S'il vous est déjà arrivé de faire un long voyage par bateau ou en avion, vous savez à quel point il peut être merveilleux de sentir à nouveau la terre sous vos pieds. L'ancre naturelle de la Terre ajoute le même type d'énergie à nos lieux de vie.

S'il vous est déjà arrivé de vous rendre dans les régions désertiques du Sud-Ouest des États-Unis, vous connaissez bien l'élément Terre. Par exemple, à Santa Fé, les maisons sont souvent faites d'adobe, parce que l'argile est abondante dans la région, et les paniers tressés et les pots en terre cuite sont des accessoires fréquents. Les motifs du Sud-Ouest sont en général une combinaison de carrés et de rectangles, et on se sert partout de tonalités de terre, pour que le bâtiment se fonde dans le paysage. Ce sont des exemples de l'élément Terre. Dans la décoration du Sud-Ouest, l'élément Feu est souvent utilisé en association avec l'élément Terre, car ces deux éléments se marient bien. On utilise aussi, par contraste, des poutres et des meubles en bois.

La Terre est le récipient qui contient tous les autres éléments, et on considère donc que les paniers et les pots sont reliés à l'élément Terre. Même une maison est considérée comme représentant l'élément Terre, parce qu'à la base, c'est un contenant. Si un espace vous semble froid et stérile, ajouter quelque chose qui est lié à la Terre est un bon moyen de le réchauffer et de lui donner un air confortable. Les gens de l'élément Terre nous donnent l'impression d'être en sécurité, tout comme un espace avec des éléments Terre. Cependant, un espace où il y a trop de Terre peut nous donner une impression d'étouffement et de resserrement, tout comme une personne dominée par l'élément Terre.

L'argile, un sous-produit de certains types de terre, sert à créer divers matériaux, comme l'adobe, les tuiles et la poterie. Quand on passe l'argile au feu, elle durcit et crée une substance plus solide. C'est ainsi que fonctionne l'interaction entre le Feu et la Terre. En revanche, l'architecture en adobe n'est pas bonne pour les climats humides, car elle produit de la moisissure et de la boue. Il faut en effet être prudent quand on ajoute de l'Eau à la Terre.

On utilise souvent des briques à l'extérieur d'une maison et comme touches de finition dans un intérieur ; en fait, la brique est l'union de trois éléments : l'argile (élément Terre) et le sable (élément Métal), cuits dans un four (élément Feu). La couleur de la brique peut aider à déterminer quel élément est dominant. Par exemple, les briques rouges auront une impression plus ignée, tandis que les briques couleur sable peuvent paraître plus Terre, en particulier avec leur forme rectangulaire.

Forme

Les formes associées à l'élément Terre sont le carré et le rectangle. Tous deux ont quatre coins, et donc le nombre 4 est aussi associé à l'élément Terre. Le nombre 4 concerne l'ancrage et la fondation, qui sont liés à l'énergie de l'élément Terre. Si vous faites le tour de votre maison, vous verrez que la forme carrée est très fréquente dans un intérieur : par exemple, les tables, les lits et les cadres, qui donnent aux espaces une énergie ancrée.

Couleur

Les couleurs utilisées pour faire entrer l'élément Terre sont les tonalités de la terre, comme l'orange, le jaune et le brun. On considère que les tons neutres et monotones sont aussi liés à la Terre.

Objets d'intérieur communs de l'élément Terre

- Paniers
- Poterie

- Récipients
- Pots de fleur
- Tables carrées ou rectangulaires
- Terre cuite
- Brique
- Carrelages
- Panneau mural en carrelage

Le Métal dans un intérieur

Fidèle à son caractère, le Métal donne forme à de nombreux éléments d'ameublement. Par exemple, on se sert souvent d'une base de métal comme support d'une lampe. Les pieds de chaise et les encadrements de fenêtre en sont d'autres exemples. On se sert aussi de métal pour construire des bâtiments, en particulier les immeubles de plusieurs étages, sous forme de poutrelles métalliques, là où la solidité de la structure est essentielle. On se sert souvent de métal pour les appareils électriques, et on en utilise plusieurs, comme l'aluminium, l'acier et le fer. En raison du caractère fonctionnel du Métal, il est le plus souvent présent dans nos lieux de vie sous sa forme littérale, plutôt que symboliquement, comme l'élément Feu, plus volatil.

On considère aussi que tous les types de roches sont liés au Métal. Différentes compostions de roches nous donnent le granit, l'ardoise et le marbre, qui servent pour les finitions de nos maisons. Ces matériaux sont souvent utilisés pour faire des comptoirs et des plans de travail, à cause de la compatibilité des éléments Métal et Eau. Par exemple, un plan de travail en bois absorberait l'eau, tandis qu'un plan de travail en granit est imperméable, et peut donc conserver son intégrité. Pour la même raison, on se sert de métal pour la robinetterie et de cuivre pour les tuyaux de plomberie.

On se sert aussi de métal à des fins décoratives dans une maison. Par exemple, les objets d'art et les cadres en métal sont fréquents. Accentuer les meubles et les objets d'art avec de l'or et de l'argent est un autre moyen d'apporter du Métal dans un lieu. Ajouter des pierres dans un agencement décoratif est un moyen agréable d'inclure l'élément Métal de façon organique. Les cristaux et les pierres fines sont aussi des éléments Métal et peuvent être utilisés en décoration ou sur le plan énergétique pour charger un lieu. Les cristaux sont connus pour avoir des propriétés énergétiques spécifiques à leur couleur et à leur composition ; ils seront traités plus en détail au chapitre 15.

Forme

La forme associée à l'élément Métal est le cercle. Je vois toujours les rondelles métalliques dont on se sert en construction comme un exemple de la forme ronde de l'élément Métal. Des exemples d'objets de forme ronde peuvent comprendre les dessus de table, les horloges, les miroirs, les lampes ou les bases de table.

Couleur

Les couleurs associées au Métal sont l'or, l'argent, le blanc et les pastels. L'or et l'argent sont les couleurs les plus souvent associées au métal, parce que les métaux fondamentaux présentent le plus souvent ces couleurs.

Objets d'intérieur communs de l'élément Métal

- Appareils électriques
- Plans de travail en granit et en ardoise
- Finitions en marbre

- Finitions en aluminium
- Finitions en pierre, par exemple, extérieur de la maison, cheminée
- Finitions en cuivre
- Béton
- Coquillages
- Lampes de sel
- Balustrade en fer forgé
- Pied de chaise en métal
- Bases de table en métal
- Horloges murales
- Objets d'art en métal
- Cristaux et pierres

L'Eau dans un intérieur

L'élément Eau est surtout naturellement présent dans un intérieur sous la forme de la plomberie. En feng shui, l'Eau est liée à l'argent. Dans l'idéal, vous voulez avoir un léger flux d'eau, sous la forme de fontaines d'intérieur ou de représentations artistiques. Une eau immobile peut avoir un effet apaisant, mais peut aussi représenter la stagnation sur le plan financier. Un torrent d'eau indique aussi trop de bouleversements. En feng shui, on ne considère pas les salles de bain comme des endroits propices, parce que l'eau y coule beaucoup et y est évacuée, en particulier dans les toilettes. C'est pourquoi une salle de bains peut être la source de problèmes énergétiques, en fonction de l'endroit où elle est située. Les chapitres 12 et 13 étudient plus en détail l'emplacement de la salle de bains en relation avec les cinq éléments et la carte Bagua.

En psychologie jungienne, l'eau représente nos émotions dans l'inconscient collectif. Dans mon livre *Mind, Body, Home*, je donne des associations plus spécifiques quant à la signification des fuites d'eau dans une maison, et quant à la manière dont elles se rapportent à nos émotions. Si vous avez déjà eu une fuite d'eau, des toilettes qui débordent ou une canalisation qui éclate, vous savez à quelle vitesse l'eau peut faire des dégâts dans nos lieux de vie ! On sous-estime souvent le pouvoir de l'eau, mais les accidents domestiques liés à l'eau nous montrent bien à quel point c'est une erreur.

Quand l'eau est contrôlée, et utilisée de façon équilibrée, elle peut avoir dans un espace des effets très positifs. L'élément Eau ajoute à un intérieur une énergie apaisante, ce qui explique la popularité des fontaines d'intérieur. L'eau purifie naturellement l'air, et le bruit de l'eau peut être très relaxant. Cette qualité introspective est le don de l'élément Eau, et elle peut être intégrée dans notre espace pour nous donner une atmosphère relaxante.

L'élément Eau peut aussi être utilisé dans un lieu de façon symbolique. Le verre est la représentation la plus fréquente de l'élément Eau dans un intérieur. Les fenêtres, les dessus de tables et de bureaux en verre et les accessoires en verre comme les vases et le cristal de plomb sont des exemples communs. On considère aussi que les miroirs sont des éléments Eau. La qualité réflective des fenêtres et des miroirs imite la manière dont l'eau réfléchit la lumière dans la nature.

Quand on se sert de verre pour la vaisselle, comme les verres à boire, on combine l'Eau avec la forme de contenant de l'élément Terre. En fait, presque tous les éléments Eau dans un intérieur seront combinés avec d'autres éléments qui leur apporteront leur soutient. L'Eau est en général utilisée comme accent, en combinaison avec au moins un autre élément. Par exemple, dans le cas des fenêtres, la stabilité du bois ou du métal est nécessaire pour les soutenir. C'est un exemple de la manière dont les éléments travaillent ensemble dans le cycle des cinq éléments.

La nature yin de l'eau requiert le soutient d'un autre élément pour la contrôler ou la contenir, comme le Métal ou la Terre. Autrement, elle serait incontrôlable et finirait par faire des dégâts. Par exemple, imaginez boire de l'eau sans un verre pour la contenir. C'est ce qui se passe avec les fuites : l'eau devient trop puissante et franchit les frontières de Métal, de Bois ou de Terre qui la contrôlaient. Vous trouverez ci-dessous d'autres manières de représenter l'élément Eau.

Forme

Les formes qui représentent l'élément Eau sont les lignes ondulées et les courbes. Vous pouvez voir sa forme typique comme le dessin des vagues de l'océan. Les motifs comportant des courbes, comme le cachemire ou les volutes, sont des exemples de l'élément Eau. Les tables ou les canapés aux formes incurvées sont des éléments Eau, plus probablement associés à un autre élément comme le Bois ou le Métal.

Couleur

Les couleurs associées à l'Eau sont le noir et les tons bleus. Nous associons le plus souvent la couleur bleue à l'eau, mais en réalité elle est un reflet du ciel. C'est aussi pourquoi la couleur noire est également associée à l'Eau. Si la nuit vous regardez le reflet du ciel sur l'eau, vous la voyez noire. En fonction de la phase de la lune, elle aura aussi une qualité réfléchissante.

Nous ne nous servons pas souvent de noir dans notre foyer, mais cette couleur peut avoir un sens quand on l'emploie avec parcimonie. Par exemple, un mur accentué de noir peut nettement mettre en valeur une œuvre d'art colorée. Si on l'utilise avec modération, le noir peut donner à un espace une impression de plus grande clarté, à cause du contraste qu'il crée.

Objets d'intérieur communs de l'élément Eau

- Fontaines d'intérieur
- Éviers

- Baignoires et douches
- Fenêtres
- Vases, bouteilles et pichets en verre
- Vaisselle et plats de service en verre
- Dessus de table et de bureau en verre
- Miroirs et meubles recouverts de miroirs

Maintenant que vous avez une bonne idée de la manière dont chacun des éléments s'exprime au quotidien dans un intérieur, regardez votre foyer. Observez si vous avez une prédominance d'un ou de plusieurs éléments. Remarquez de quel(s) élément(s) sont vos objets et vos finitions préférés. Vous constaterez peut-être que vous achetez désormais vos meubles et vos éléments de décoration avec un regard complètement différent. Dans le chapitre suivant, nous allons explorer la façon dont les éléments s'expriment dans vos espaces extérieurs.

CHAPITRE ONZE – Intégrer les cinq éléments dans un extérieur

Après avoir vu comment les cinq éléments apparaissent dans un espace intérieur, jetons un coup d'œil à la manière dont ils se présentent dans un espace extérieur. Pour beaucoup de gens, les extérieurs qui jouxtent leurs lieux de vie peuvent être des havres de paix, des sanctuaires. Que vous ayez tout un jardin ou un simple balcon, vous pouvez vous servir des cinq éléments pour dynamiser vos espaces extérieurs et votre qualité de vie dans son ensemble. Quand on travaille avec les extérieurs, il est encore plus facile d'utiliser les cinq éléments sous leur forme la plus naturelle. Par exemple, vous pouvez facilement associer des rochers, du bois flotté, des plantes et d'autres éléments pour créer une oasis des cinq éléments. On peut aussi employer les éléments de façon symbolique, sous forme de couleurs et de formes, dans un espace extérieur.

Avec les espaces intérieurs, nous cherchons à faire entrer le monde extérieur à l'intérieur. Mais dans le cas des espaces extérieurs, il s'agit plutôt de faire sortir l'intérieur. Ainsi, vous créerez une impression d'espace intérieur-extérieur, et vous pourrez vous relier à la nature tout en appréciant le confort d'un lieu abrité. Laissée seule, la nature va associer les cinq éléments de façon naturelle. Mais quand nous commençons à déblayer des terrains, à abattre des arbres, à creuser le sol et à replanter des arbres, des buissons et des fleurs, nous perturbons le flux naturel de la nature. Il est important, pour l'harmonie de la terre, de restaurer sur le terrain un équilibre des cinq éléments que vous pouvez contrôler.

Une autre raison de se servir des cinq éléments dans un espace extérieur est que cela rendra votre aménagement paysager et vos espaces extérieurs encore plus agréables sur le plan esthétique. En équilibrant les cinq éléments, vous pouvez embellir votre balcon ou vos parterres, tout comme vous l'avez fait pour votre salle de séjour ou votre manteau de cheminée.

On peut aborder les cinq éléments dans un espace extérieur à un niveau macro ou micro. Vous pouvez équilibrer les cinq éléments au niveau macro dans tout votre jardin et/ou dans des zones spécifiques d'aménagement paysager. Vous pouvez même appliquer l'équilibre des cinq éléments pour aider plantes et fleurs à bien pousser. Jetons un coup d'œil à chacun des éléments et à la manière dont vous pouvez les intégrer à vos espaces extérieurs.

Le Bois dans un espace extérieur

L'élément Bois est le plus fréquent et le plus facile à utiliser en extérieur. Tous les arbres, fleurs, buissons, plantes et fleurs sont reliés au Bois. Les fleurs peuvent adopter des propriétés d'autres éléments en fonction de leurs couleurs, mais elles sont avant tout Bois. Si toutes les plantes (sauf si elles sont en train de mourir) incarnent l'élément Bois, leurs formes vont déterminer la quantité d'énergie yang qu'elles ont. Par exemple, une fougère a moins d'énergie yang qu'un bambou. Les dentelles plongeantes de la fougère lui donnent une qualité yin, tandis que les tiges rigides et verticales du bambou sont plus yang. Les plantes qui aiment l'ombre ont tendance à être plus yin, tandis que celles qui poussent en plein soleil sont plus yang. L'influence du soleil détermine à quel point une plante est yang. Les plantes qui aiment l'ombre peuvent vraiment être brûlées et mourir quand elles sont trop exposées au soleil. À l'inverse, les plantes qui ont besoin de soleil peuvent survivre à l'ombre, mais elles s'y sentent rarement bien et peinent à se développer.

Si vous n'avez pas la main verte, vous avez encore d'autres moyens d'intégrer l'élément Bois dans un espace extérieur. On se sert souvent de bois pour des terrasses et pour d'autres structures comme les pergolas et les tonnelles. En extérieur comme en intérieur, l'élément Bois comprend tout ce qui est de forme verticale ou de couleur verte. La liste ci-dessous vous donne des exemples de la manière dont ces formes et ces couleurs se présentent ordinairement dans des espaces extérieurs.

Éléments Bois courants à l'extérieur

- Toutes les plantes : arbres, arbustes, buissons et fleurs
- Balcons ou balustrades
- Structures d'extérieur en bois comme les kiosques et les tonnelles
- Terrasses
- Hampes de drapeau
- Crosses de berger
- Lampadaires
- Parasols
- Colonnes et poteaux de soutien
- Clôtures en bois

Le Feu dans un espace extérieur

Dans un espace extérieur, l'élément Feu par excellence est le soleil, le principal élément Feu de notre planète, dans la nature et dans notre foyer ; rien n'est aussi essentiel que lui pour notre force vitale. On ne peut pas exagérer la quantité d'énergie yang que le soleil nous envoie. Ce n'est pas étonnant que les personnes qui vivent dans des climats tempérés souffre de Désordre Affectif Saisonnier (DAS). Le soleil est essentiel pour notre santé et notre niveau d'énergie général.

Parce que l'élément Feu est nettement plus abondant en extérieur qu'en intérieur, nous avons intuitivement tendance à ne pas ajouter autant d'élément Feu que d'autres éléments aux espaces extérieurs. Cela dit, le Feu ajoute une touche agréable, la nuit, après le coucher du soleil, quand l'énergie yin de la nuit s'est installée. Comme en intérieur, l'association de bougies avec l'obscurité produit un très bon équilibre entre le yin et le yang. L'éclairage extérieur, les fosses à feu, les cheminées d'extérieur et les bougies donnent un espace extérieur agréable à regarder la nuit. L'élément Feu s'exprime aussi par la couleur rouge. Par exemple, des fleurs rouges ajoutent des étincelles d'énergie.

En feng shui, on considère aussi le rouge come une couleur de bon augure pour une porte d'entrée. C'est un principe avec lequel les promoteurs et les agents immobiliers sont d'accord en général, parce que le rouge attire sur la maison une attention positive. Il est intéressant de remarquer qu'une porte rouge peut avoir diverses significations. Les anciens Hébreux croyaient qu'une porte d'entrée rouge protégerait leur premier-né. Dans l'Amérique des premiers temps, une porte d'entrée rouge signifiait que la maison était un lieu sûr pour les voyageurs. Et en Écosse, une tradition veut qu'on peigne sa porte d'entrée en rouge quand on a fini de payer le crédit immobilier. Vous trouverez ci-dessous une liste de façons d'utiliser l'élément Feu dans un espace extérieur.

Éléments Feu courants à l'extérieur

- Zone ensoleillée
- Fosse à feu
- Cheminée d'extérieur
- Éclairage extérieur
- Bougies d'extérieur
- Guirlandes lumineuses de Noël
- Fleurs rouges
- Porte d'entrée rouge
- Mangeoire pour colibri rouge

La Terre dans un espace extérieur

Fidèle à sa nature, l'élément Terre est le terrain où peuvent jouer tous les autres éléments. L'élément Terre est le sol dans lequel on plante les fleurs et les arbres. Il fournit le matériau de construction des terrasses et des patios. Il n'est pas surprenant que les pots de fleur et autres récipients pour plantes soient souvent en argile, un élément Terre. L'énergie de l'élément Terre ancre et alimente la croissance des plantes et des fleurs.

Tout type de récipient est considéré comme étant de nature Terre. En extérieur, les pots de fleur en terre cuite sont très fréquents. L'énergie du récipient, en plus de l'argile de la terre cuite, donne à la plante l'énergie d'ancrage qui l'aide à s'enraciner. L'élément Terre est aussi représenté par les formes carrées et rectangulaires. Le carré est la forme habituellement utilisée pour les potagers et les jardins de fines herbes. Cette forme donne aussi un soutien d'ancrage pour la croissance, en plus du terreau. C'est pour cette raison qu'en feng shui, on recommande des potagers de forme carrée.

Éléments Terre courants à l'extérieur

- Terre et terreau
- Containers pour plantes
- Terre cuite
- Accents de carrelages
- Tables de jardin carrées
- Terrasse ou patio de forme carrée ou rectangulaire

Le Métal dans un espace extérieur

L'élément Métal fournit un excellent moyen d'accentuer les autres éléments. L'un des éléments Métal les plus courants en extérieur est le roc. On peut se servir de rochers de façon décorative dans l'aménagement paysager ou pour créer une limite. Par exemple, on utilise des parois de pierre de façon fonctionnelle pour retenir l'eau, créer une division de l'espace et/ou pour des raisons esthétiques. La pierre sert aussi pour les façades des bâtiments, pour ses qualités esthétiques, souvent associée au bois. Il arrive qu'une maison soit faite entièrement en pierre, mais c'est assez rare, en raison du coût que cela représente et de la difficulté de travailler la pierre en comparaison de la malléabilité du bois.

Le terreau est aussi une substance riche en minéraux qui vont aider les plantes à pousser. Si vous en avez déjà utilisé, vous avez probablement remarqué, mélangé à la terre, un assortiment de particules brillantes ; c'est un exemple de la manière dont le Métal peut renforcer la Terre. En effet, on se sert souvent de Métal en conjonction avec la Terre pour lui donner un soutien supplémentaire. Quand les éléments travaillent à se soutenir mutuellement sur le plan énergétique, ils ont aussi une apparence agréable sur le plan esthétique ; c'est une situation gagnant-gagnant. Par exemple, dans l'aménagement paysager, la terre ou le paillis se marie bien avec des pierres décoratives. La pierre aide aussi à maintenir la terre en place et à contrôler l'humidité. Si les éléments sont déséquilibrés, et s'ils ne sont pas en harmonie, ils ne produiront pas une bonne impression et ils n'iront pas bien ensemble sur le plan esthétique.

L'élément Métal se montre aussi dans un espace extérieur sous une forme ronde. Il est intéressant que les pots de fleur soient ronds en général, une combinaison de Terre (récipient) et de Métal (rond) créant une énergie qui soutient le Bois (plante). On trouve souvent des tables de jardin rondes, et elles offrent un beau contraste, ou un bel équilibre, en particulier s'il y a surabondance d'éléments Bois.

Éléments Métal courants à l'extérieur

- Rochers et pierres
- Galets
- Murs de pierre ou façades
- Pots ronds
- Carillons de métal
- Balustrades de terrasse d'aluminium ou d'un autre métal

L'Eau dans un espace extérieur

À moins que vous ne viviez dans un climat humide, il est souvent nécessaire d'ajouter l'élément Eau à un espace extérieur. L'eau de pluie est la forme la plus naturelle de l'élément Eau. Les arbres et les plantes ont de toute évidence besoin d'eau pour pousser et pour être en bonne santé. En saison sèche, et dans les régions arides, les précipitations sont insuffisantes, et on doit donc ajouter de l'eau venant d'autres sources. Dans d'autres régions, comme le Nord-Ouest Pacifique, les chutes de pluie sont très abondantes, et il y a donc beaucoup d'élément Eau dans les espaces extérieurs.

Pour ceux qui vivent dans une région qui ne reçoit pas beaucoup de pluie, il y a d'autres moyens d'intégrer l'eau afin d'avoir un équilibre esthétique de tous les cinq éléments. Mettre une fontaine d'extérieur dans un lieu est une façon agréable de faire intervenir l'élément Eau. Le simple bruit de l'eau dans un lieu fait appel à notre élément Eau intérieur et a tendance à nous détendre. Une baignoire pour oiseau est un autre élément qu'on peut ajouter à un jardin pour y intégrer l'Eau. Un globe réfléchissant est un autre objet lié à l'Eau, en raison de sa parenté avec les miroirs. Et bien sûr, les piscines et les jacuzzi sont aussi de nature Eau. Pour les maisons qui ont vue sur l'océan, sur un lac ou sur une rivière, l'Eau est particulièrement forte.

Se servir de la forme et de la couleur qui représentent l'élément Eau est un autre moyen d'avoir de l'énergie Eau dans un espace extérieur. Par exemple, des clôtures de jardin incurvées ajoutent de l'élément Eau. En fait, les sentiers et les allées incurvées sont recommandés en feng shui pour permettre à l'énergie de serpenter. Imaginez les sentiers et les allées autour de votre maison comme des torrents et des rivières. Dans l'idéal, l'eau doit circuler en serpentant plutôt qu'en ligne droite ou à angles aigus. Pour l'aménagement paysager, il est conseillé de se servir de lignes incurvées plutôt que de lignes droites, sauf quand on doit enclore un jardin potager ou un jardin de fines herbes dans un carré ou un rectangle.

On peut aussi intégrer l'élément Eau dans un espace extérieur en se servant d'accents bleus et noirs. Le noir n'est pas une couleur fréquente en décoration d'extérieur, mais elle est dominante dans les accessoires comme les barbecues, les lanternes, les carillons et les containers. Cela dit, ces objets seront principalement Métal ou Feu, et secondairement Eau. La couleur bleue peut être utilisée pour des coussins d'extérieur ou des objets d'art. Le verre est un autre moyen de se servir de l'élément Eau, bien qu'il ne soit pas fréquent en raison de sa fragilité.

Éléments Eau courants à l'extérieur

- Piscine ou jacuzzi
- Douche d'extérieur
- Fontaine extérieure ou baignoirc pour oiseaux
- Dessus de table en verre
- Boule réfléchissante
- Aménagement paysager, allées et sentiers incurvés

Combiner les éléments dans un espace extérieur

Les espaces extérieurs sont parmi les endroits où il est le plus facile et le plus amusant d'associer les cinq éléments, parce que la nature est déjà là, à portée de main. Le climat de la région où vous vivez est un facteur important pour équilibrer les cinq éléments en extérieur. Par exemple, si vous vivez dans une région essentiellement ensoleillée, le Feu sera dominant, sauf si vous avez beaucoup d'ombre. Dans les régions humides, l'élément Eau sera prédominant. Dans des régions comme le Sud-Ouest des États-Unis, l'élément Terre sera le plus fort.

Dans les régions qui ont quatre saisons distinctes, l'exposition au soleil de votre espace extérieur sera le plus important. Par exemple, un balcon du côté sud de cet espace sera très différent d'un patio couvert du côté nord. Vous devrez tenir compte du climat de votre région en plus du microclimat de l'espace extérieur avec lequel vous travaillez. En tenant compte de tout cela, voici quelques façons d'équilibrer votre espace extérieur.

Endroits chauds et ensoleillés

Si le Feu est l'élément dominant de votre espace en raison de son exposition au soleil, vous devrez y ajouter des éléments Eau et Métal. Par exemple, vous pouvez utiliser un dessus de table rond (élément Métal) en verre (élément Eau) pour un salon de jardin. Des galets ronds comme accents de décoration est un autre moyen d'intégrer l'élément Métal. Ajouter un élément Eau d'extérieur, comme une fontaine ou une baignoire pour oiseaux, est aussi conseillé.

Endroits humides et ombragés

Si vous vivez dans un climat humide, ou si vous avez des espaces extérieurs surtout ombragés, vous devrez intégrer plus de Feu et éviter d'ajouter plus d'Eau et de Métal. Une fosse à feu, ou une cheminée d'extérieur, sont d'excellents moyens d'ajouter un peu d'énergie yang. Vous pouvez aussi ajouter des touches de rouge dans la décoration extérieure, ainsi que des bougies d'extérieur.

Le Bois peut aider à absorber l'élément Eau et à apporter de l'énergie yang. Cependant, si l'endroit est ombragé parce qu'il y a beaucoup d'arbres, de buissons ou de plantes, évitez d'ajouter plus d'éléments Bois à cet espace. Dans ces cas-là, on peut se servir du Métal pour couper la quantité d'énergie Bois.

Endroits à la fois ensoleillés et ombragés

Pour les régions au climat tempéré, ou les espaces extérieurs qui ont à la fois du soleil et de l'ombre suivant les moments de la journée, l'idéal est un mélange harmonieux des cinq éléments. Pensez à varier les plantes, les fleurs et leurs pots en fonction de leur forme, de leur taille et de leur couleur. Prenez note de vos meubles d'extérieur. On en trouve d'une grande diversité de matériaux, dont le bois, le verre et le métal. On peut se servir de matières plastiques qui résistent aux intempéries pour imiter les finitions de bois, de verre ou de métal.

Jusqu'à présent vous n'avez peut-être pas beaucoup pensé à vos espaces extérieurs en termes de décoration. Tant le climat de la région que le microclimat de votre terrain vont affecter l'équilibre yin-yang général de vos espaces extérieurs. Vous pouvez maintenant vous servir des cinq éléments dans vos extérieurs pour créer un équilibre dynamique entre votre lieu de vie et la nature. Dans les chapitres suivants, vous découvrirez encore plus de moyens de vous servir des cinq éléments dans votre espace pour créer une énergie optimale, adaptée à votre foyer et à votre vie.

CHAPITRE DOUZE – Intégrer les cinq éléments en se servant de la carte Bagua

Maintenant que vous comprenez comment chacun des cinq éléments se manifeste dans votre foyer, par le biais de ses couleurs, de ses formes, de ses finitions et de ses matériaux, ajoutons une couche supplémentaire en considérant où chacun des cinq éléments se situe sur la carte Bagua. Cette carte est un outil dont on se sert en feng shui pour voir où tombent les domaines de votre vie dans votre foyer. La carte Bagua est une grille carrée ou rectangulaire composée de 9 carrés, comme un jeu de morpion. Vous pouvez par exemple vous servir de la carte Bagua pour repérer votre coin de la richesse, votre coin de l'amour, votre secteur de la carrière, ainsi que d'autres domaines de votre vie. Chacun de ces secteurs est aussi associé à l'un des cinq éléments.

La configuration de la carte Bagua trouve son origine dans le Yi King. Comme nous l'avons vu précédemment, le Yi King est la base du taoïsme et de la médecine chinoise. Le Yi King consistait à l'origine en 8 trigrammes, plus tard développés en 64. Les huit trigrammes d'origine sont la base de la carte Bagua, qui relie notre énergie personnelle à celle de notre foyer.

Une autre version de la carte Bagua, le Pa Kua (parfois écrit bagua), est de forme octogonale ; elle est utilisée par les écoles de boussole feng shui classiques. Tant la carte Bagua que le Pa Kua se servent de la même configuration de trigrammes. En fait, si vous remplissez les coins d'un octogone, vous avez un carré complet : la carte Bagua. La principale différence est que la carte Bagua s'applique aux espaces selon la manière dont notre énergie humaine y entre, tandis que le Pa Kua octogonal est configuré en utilisant une boussole spéciale appelée Luo Pan.

Abondance & Prospérité	Célébrité & Réputation	Amour & Relations
Famille & Communauté	Santé & Bien-être	Créativité & Enfants
Sagesse & Connaissance	Carrière & But de la vie	Gens serviables & Voyages

La carte Bagua.

Chaque secteur, ou carré, de la carte Bagua est appelé un *gua* ; et chaque *gua* est associé à l'un des cinq éléments. En appliquant la carte Bagua, vous pouvez voir où certains domaines de votre vie tombent dans votre foyer, et voir où dans votre foyer vous pouvez faire des changements pour contribuer à transformer l'énergie de votre vie. Par exemple, si vous désirez mieux percevoir le but de votre vie, alors, apporter des changements dans le *gua* de la carrière et du but de la vie de votre foyer peut vous apporter plus de lucidité. Connaître l'élément associé à chaque *gua* et l'intégrer dans cette partie de votre foyer vous aidera à apporter de l'énergie positive à cette partie de votre vie.

Appliquer la carte Bagua

On se sert le plus souvent de la carte Bagua sur le plan d'une maison. On peut aussi la superposer à tout espace, qu'il s'agisse d'une pièce, du dessus d'un bureau ou d'un tableau. Il y a deux manières différentes d'appliquer la carte Bagua, basées sur des écoles différentes de feng shui La méthode indiquée ici est celle de l'école de feng shui bouddhiste tantrique de la secte des Bonnets Noirs (l'école BTB). Cette école a été créée aux États-Unis par le Grand Maître chinois Thomas Lin Yun, et elle est devenue la méthode de feng shui la plus populaire en Occident.

En utilisant la méthode occidentale, on se sert de la porte d'entrée (ou dans certains cas de la façade de la maison) pour aligner la carte Bagua, au contraire de l'école de la Boussole qui se sert des directions. Dans cette méthode, notre énergie humaine est le principal facteur à prendre en compte quand on se sert de la carte Bagua. La manière dont le soleil s'aligne avec le lieu est certainement importante pour de nombreux aspects du feng shui, mais notre énergie humaine est tout aussi significative dans notre lieu de vie. Les deux méthodes sont aussi valables l'une que l'autre ; pour ma part, je préfère la méthode occidentale.

Pour appliquer la carte Bagua au plan de votre maison, alignez simplement le bas de la carte Bagua et le mur avant de votre maison. En général, c'est le mur où se situe votre porte d'entrée, ou le mur qui était architecturalement prévu comme la façade. Si vous ne savez pas avec certitude où se trouve l'avant de votre maison, il s'agit en général de celui qui donne sur la rue de votre adresse. Si votre porte d'entrée est centrée à l'avant de votre maison, vous entrez par le secteur Carrière & But de la vie. La zone située dans le coin arrière gauche de votre maison est le secteur Abondance & Prospérité, et ainsi de suite.

Voici quelques autres considérations à retenir pour appliquer la carte Bagua :

- Incluez toutes les constructions attachées à la maison et recouvertes d'un toit, y compris les vérandas et les garages.

- Ce qui n'est pas recouvert d'un toit n'est pas inclus dans la carte Bagua. Ces lieux sont au contraire considérés comme des « extensions » du *gua* qui est le plus proche d'eux. Par exemple, si vous avez un patio qui s'étend à partir du milieu de l'arrière de votre maison, c'est une extension de votre *gua* de la célébrité et de la réputation. Vous pouvez vous servir de ces extensions pour dynamiser aussi le secteur correspondant de votre vie.
- Si votre porte d'entrée n'est pas à l'avant de votre maison, mais sur un côté, vous alignerez la carte Bagua sur le mur avant de la maison. Si vous ne parvenez toujours pas à déterminer quel est ce mur, servez-vous du côté de la maison qui vous semble intuitivement être la façade, ou qui vous semble être l'avant dans la pensée de l'architecte. Souvent, il donnera sur la rue par laquelle vous entrez ou sur la rue de votre adresse.
- Pour les appartements et les colocations, alignez la carte avec la porte de votre logement.
- Pour les maisons à plusieurs étages, la carte Bagua sera la même pour chaque étage, comme si on empilait plusieurs cartes les unes sur les autres. Les étages supérieurs peuvent avoir une superficie inférieure. Si c'est le cas, certains secteurs n'y seront pas représentés. Servez-vous des étages supérieurs pour avoir d'autres occasions de dynamiser les *guas* qui s'y trouvent.
- Ne tenez pas compte des murs quand vous orientez la carte Bagua. Suivant la disposition des pièces, votre cuisinc peut être dans votre coin de la richesse et dans votre coin de la célébrité, ou bien, votre coin de la richesse peut ne contenir qu'une partie d'une pièce.
- Il est rare que la fonction d'une pièce corresponde au secteur de la carte Bagua apparemment approprié, et c'est tout à fait normal. Par exemple, votre chambre à coucher ne sera probablement pas dans votre coin Amour & Relations, et votre bureau n'a pas à être dans votre coin de la richesse. Votre coin de l'amour sera peut-

être dans votre garage ou votre salle de bains. Où qu'il se trouve, c'est votre coin de l'amour !

Dynamiser chaque *gua* avec les cinq éléments

Maintenant que vous avez aligné la carte Bagua avec votre foyer, vous vous demandez peut-être ce qu'elle signifie. Chaque *gua* correspond à un aspect de votre vie. Comme nous l'avons vu plus tôt, chaque *gua* représente un trigramme du Yi King. Chaque *gua* a subi des milliers d'années de translations à partir du trigramme d'origine. Bien qu'il y ait une cohérence dans l'énergie représentée, la translation exacte de chaque *gua* peut être différente en fonction du pratiquant de feng shui ou de l'auteur. Par exemple, j'ai pris la liberté d'ajouter « But de la vie » au *gua* de la Carrière afin de moderniser la carte Bagua et de l'adapter à notre monde moderne. Le plus important, cependant, c'est l'essence ou l'énergie de chaque secteur.

En vous servant des cinq éléments avec la carte Bagua, vous commencerez à voir l'importance des cycles de construction et de destruction. Par exemple, le Feu est l'énergie élémentale prédominante du *gua* de la célébrité et de la réputation. Vous localiserez cette zone de votre maison grâce à la carte Bagua. Pour dynamiser cette zone de votre maison, vous devez ajouter des éléments Feu s'il n'y en a pas déjà. Pour continuer avec cet exemple, vous pourriez aussi ajouter des aspects de l'élément Bois à ce secteur parce que le Bois nourrit le Feu dans le cycle d'engendrement. Vous devrez minimiser la quantité d'éléments Eau dans cette secteur parce que l'Eau éteint le Feu dans le cycle de destruction. Un exemple pratique serait de remplacer un objet d'art représentant une scène aquatique par un tableau où figurent des fleurs rouges. Laissez libre cours à votre créativité !

Vous remarquerez peut-être qu'il vous suffit de déplacer des éléments de décoration que vous avez déjà. Bien souvent, décorer peut ressembler à l'assemblage d'un puzzle. Vous savez immédiatement quand un objet est à la bonne place ; il semble soudain être au bon endroit, et il a l'air très beau, même si vous n'êtes pas nécessairement doué en décoration.

Jetons un coup d'œil à chaque *gua* et à ses significations, et voyons aussi comment dynamiser chacun d'eux en se servant des cinq éléments.

Bois Abondance & Prospérité	Feu Célébrité & Réputation	Terre Amour & Relations
Bois Famille & Communauté	Terre Santé & Bien-être	Métal Créativité & Enfants
Eau Sagesse & Connaissance	Eau Carrière & But de la vie	Métal Gens serviables & Voyage

Carte Bagua avec les cinq éléments.

Gua de la carrière et du but de la vie

Le *gua* de la carrière et du but de la vie est le secteur de votre foyer qu'il faut dynamiser si vous cherchez à améliorer, recentrer ou clarifier des problèmes liés à votre carrière, à votre emploi ou à votre but général dans votre vie.

Couleur : Noir, bleu foncé
Élément : Eau

Élément de soutien : Métal

Élément destructeur : Terre

Ce domaine de la maison comprend souvent la porte d'entrée et l'entrée. Le *gua* sur lequel s'ouvre la porte d'entrée a le potentiel de recevoir plus d'énergie et d'attention quand on y vit. La porte d'entrée est la principale source d'énergie entrant dans un lieu, et donc, elle crée plus d'énergie et d'opportunités. Il est donc important que cette zone soit ouverte et accueillante. Si vous entrez directement face un mur, mettez-y un miroir pour disperser l'énergie. Si vous entrez face à une cage d'escalier, alors mettez un miroir sur le palier, ou suspendez un cristal au-dessus de l'escalier pour disperser l'énergie de sorte qu'elle ne se précipite pas à l'étage.

Parce que cette zone est associée à l'élément Eau, ajoutez des objets décoratifs en verre ou en matériaux réfléchissants, comme un vase de verre ou un tableau au cadre de verre. C'est aussi un excellent endroit pour y mettre une fontaine d'intérieur. Intégrez les couleurs noire ou bleue dans ce secteur pour capturer l'énergie de l'élément Eau. C'est aussi un endroit où vous pouvez ajouter des objets associés à votre carrière ou à la carrière que vous désirez. Vous pouvez aussi ajouter à cet endroit des objets décoratifs en métal, puisque le Métal soutient l'Eau. Les couleurs à intégrer seront le noir, les couleurs sombres, le jaune et/ ou des couleurs pastel. Évitez de vous servir d'éléments Terre et de tonalités terre dans cette zone. Pour les espaces extérieurs qui s'étendent à partir de cette partie de la maison, par exemple le porche ; comme aménagement paysager, vous pouvez ajouter une baignoire pour oiseau, un élément de type Eau, ou une boule réfléchissante.

Exemple : Sue a presque toujours été mère au foyer ; au fil des années, elle a travaillé à temps partiel de manière intermittente. Maintenant que ses enfants sont grands, elle ressent le besoin de trouver un travail sérieux, et peut-être de lancer sa propre entreprise. Sue vit avec sa famille dans une maison traditionnelle, avec une grande entrée au plafond haut et un lustre imposant. Il y a une table d'entrée avec quelques objets décoratifs et une vitrine contenant des photos et des souvenirs de famille. C'est dans l'entrée que tombe le secteur Carrière & But de la vie sur le plan de sa maison, mais elle sert rarement, parce que toute la famille entre dans la maison par le garage.

En regardant cette zone de plus près, on peut voir des toiles d'araignée, et un manque général d'énergie. La première recommandation, c'est de commencer à utiliser la porte d'entrée aussi souvent que possible, puisque l'activité humaine et le mouvement sont parmi les meilleurs moyens pour faire entrer l'énergie dans un lieu. S'il n'y a aucun mal à se servir d'une porte de garage ou d'une porte de derrière, il est important de se servir de la porte d'entrée le plus possible pour les invités, pour aller chercher le courrier, pour partir faire une promenade ou pour aérer. La seconde recommandation est de renouveler les objets décoratifs dans ce secteur. Sue peut mettre plus de vie dans cette partie de sa maison en y ajoutant des objets plus personnels pour elle et sa famille, par exemple, un objet d'art qu'ils aiment, acheté en vacances, ou des photos de famille. Parce que c'est le *gua* de la carrière et du but de la vie, c'est le secteur que Sue peut dynamiser pour avoir plus de lucidité sur le prochain chapitre de sa vie. Il est aussi conseillé de retirer tous les objets qui représentent le passé. Pour manifester l'avenir, Sue doit ajouter des objets qui sont en relation avec ce qui l'intéresse maintenant. Par exemple, si elle aime peindre, et si elle a le sentiment que la créativité est un aspect du but de sa vie, alors elle peut ajouter des livres en rapport avec la peinture ou avec des artistes célèbres dans ce secteur, ou même accrocher une de ses propres œuvres dans l'entrée. Ce n'est pas un endroit idéal pour les objets reçus en héritage, sauf s'ils sont directement en lien avec un talent familial dont elle a l'intention de se servir dans son travail. Le secteur Carrière & But de la vie est en relation avec l'élément Eau. L'entrée est un excellent endroit pour une fontaine d'intérieur. Des touches de noir et des objets décoratifs en verre sont d'autres moyens d'intégrer l'élément Eau, en plus de toutes les autres façons de décorer avec l'élément Eau mentionnées précédemment.

Gua de la sagesse et de la connaissance

Le secteur Sagesse & Connaissance est en rapport avec l'apprentissage de nouvelles choses, le retour à l'école et la réalisation de soi. Apportez des changements à cette partie de votre maison si vous voulez développer votre esprit, modifier vos systèmes de croyance ou stimuler votre intuition.

Couleur : Bleu
Élément : Eau
Élément de soutien : Métal
Élément destructeur : Terre

L'élément associé au secteur Sagesse & Connaissance est l'Eau, mais son influence n'est pas très forte[7]. Stimulez cette partie de votre maison en y intégrant des tons de bleu. Mettez-y des livres qui vous inspirent ou tout ce qui représente quelque chose que vous souhaitez apprendre. Si elle peut convenir, cette partie de la maison peut faire un excellent bureau ou un très bon espace de méditation. Décorez-la avec des objets qui vous inspirent et/ou qui représentent des objectifs personnels ou la réalisation de vous-même. Évitez d'y laisser un bric-à-brac ou des objets qui ne résonnent plus avec vous, comme des meubles, des accessoires et de vieux livres ou de vieux magazines.

Exemple : Joan voulait commencer à méditer, mais elle avait du mal à s'engager à le faire de façon régulière. De plus, elle sentait qu'elle stagnait dans son travail, et elle n'était pas satisfaite de son emploi. Son bureau, dans sa maison, tombe dans le secteur Sagesse & Connaissance. Elle s'en sert surtout pour payer ses factures, mais cette pièce est devenue plus un fourre-tout qu'autre chose.

Souvent, les pièces qui ne sont pas clairement dédiées à quelque chose s'emplissent de bric-à-brac et, très vite, nous n'avons plus envie

7. Il y a une différence d'opinion, parmi les praticiens et les auteurs de feng shui, quant à l'élément du *gua* de Sagesse & Connaissance. On lui a aussi associé les éléments Métal et Terre. Personnellement, j'ai l'intuition qiu'il correspond plus à l'élément Eau.

de les utiliser. Joan doit avoir une intention plus claire pour cette pièce. Si elle n'a pas besoin d'un bureau dans sa maison, il peut être nécessaire de modifier la fonction de cette pièce. Joan pourrait se procurer un bureau plus petit où elle pourrait mettre un ordinateur portable, afin de ne pas occuper tout l'espace. Dans le reste de la pièce, elle pourrait installer un espace de méditation. Ajouter une chaise de lecture, une petite table et une lampe de lecture peut lui donner un espace pour la lecture, la réflexion et la méditation. Joan devrait débarrasser la pièce de tous les livres, en particulier les ouvrages de documentation, qui ne résonnent plus avec ses pensées, ses croyances ou ses désirs actuels ; une nouvelle étagère, avec des livres neufs, pourrait lui donner l'espace pour de nouvelles idées et de l'inspiration.

Gua de la famille et de la communauté

Ce *gua* est associé aux ancêtres, à la famille, à la communauté ou à tout autre système de soutien dans votre vie. Si vous désirez un lien plus fort avec votre communauté, si vous voulez établir de meilleures relations ou maintenir l'harmonie avec des membres de votre famille, c'est la partie de votre maison que vous devez dynamiser.

Couleur : Vert
Élément : Bois
Élément de soutien : Eau
Élément destructeur : Métal

Des plantes et des fleurs saines sont un très bon moyen de stimuler cette partie de votre maison. Le bambou est une plante qu'on peut faire pousser très facilement, même dans une pièce peu ensoleillée. Tout ce qui est fait de bois convient très bien ; par exemple, des cadres et des meubles. Si vous le jugez approprié, c'est un bon secteur pour des photos de famille ou des héritages associés à des souvenirs positifs. Autrement, exposez-y des images d'arbres, de jardins et de paysages.

Les éléments Eau sont aussi recommandés dans cette partie de la maison ; par exemple, des objets en verre, des images d'eau et d'arbres, ou une fontaine décorative posée sur une table. Si ce secteur contient une salle de bains, alors, ajoutez des éléments Bois plutôt que davantage d'éléments Eau. Ces éléments Bois peuvent aussi inclure des tissus d'ameublement, du linge, des objets doux ou en forme de colonne, et des tons de vert. Évitez les objets associés à l'élément Métal.

Exemple : Renée vit seule et désire être plus proche de sa famille, même s'ils vivent à quatre heures de route de chez elle. Ses relations avec ses frères et sœurs ont été tendues dans le passé, mais elle est prête à passer à autre chose et à passer des moments agréables avec sa famille, en particulier lorsqu'ils se retrouvent pour les fêtes. Elle aimerait aussi avoir le sentiment de faire partie de la communauté de la ville où elle habite. Il y a une salle de bains pour invités et une armoire à linge dans son *gua* Famille & Communauté. Il se trouve que ce *gua* est l'un des meilleurs secteur pour une salle de bains, parce que les éléments Eau dans la salle de bains contribuent à nourrir l'élément Bois.

Renée pourrait ajouter davantage d'éléments Bois à la salle de bains, pour stimuler l'énergie du *gua* de la famille et de la communauté ; par exemple, des cadres et des panneaux de bois, des plantes et des tons de vert. Ce serait aussi un très bon endroit pour ajouter des photos de sa famille et de ses amis, qui représentent les relations harmonieuses qu'elle souhaite favoriser. Il est aussi recommandé de débarrasser le bric-à-brac et de ranger l'armoire à linge. Si elle trouve des objets qui représentent des relations déplaisantes, elle doit les retirer et s'en séparer de bonne grâce, afin de faire de la place pour de nouvelles relations harmonieuses.

Gua de l'abondance et de la prospérité (coin de la richesse)

Le *gua* de l'abondance et de la prospérité est surtout associé à l'argent et aux finances. On l'appelle souvent le « coin de la richesse ». Si vous voulez minimiser vos dépenses, augmenter vos revenus et améliorer l'état général de vos finances, c'est la partie de votre maison où vous devez apporter des changements. Inutile de dire que c'est une zone très populaire.

Couleur : Pourpre
Élément : Bois
Élément de soutien : Eau
Élément destructeur : Métal

Le coin de la richesse reçoit des influences de l'élément Bois depuis le *gua* de la famille et de la communauté. La traduction du Yi King pour ce *gua* est « la persistante influence du vent ». Les objets de décoration associés au vent, comme les carillons, sont particulièrement propices à cet endroit. C'est aussi un excellent emplacement pour une fontaine d'intérieur, car elle symbolise le flux de l'argent. L'élément Eau soutient le Bois, rendant les traits de l'eau particulièrement puissants. Un aquarium comprenant du bois ou de l'eau contribuerait aussi à dynamiser cette zone.

La couleur pourpre est associée au coin de la richesse. Le pourpre évoque la royauté et l'affluence dans notre conscience collective. On peut aussi utiliser des teintes de vert dans ce secteur pour faire entrer l'énergie de l'élément Bois. Vous pouvez y mettre des objets qui vous font penser à la richesse ; ainsi que vos possessions les plus précieuses. Parce que le Métal est l'élément destructeur du Bois, évitez les objets décoratifs faits de métal dans cette partie de votre foyer.

Bien que les éléments Eau soient de bon augure pour le coin de la richesse, ce n'est pas un bon secteur pour une salle de bains. Le fait de tirer la chasse d'eau dans les toilettes a une influence négative. En plus du fait scientifique que l'énergie est attirée par l'eau, en particulier quand elle est vidée, il y a beaucoup d'expressions familières qui relient la perte à l'eau qui s'écoule. Malheureusement, beaucoup de plans de maison placent la salle de bains dans cette zone.

Si votre salle de bains est dans cette partie de votre maison, alors vous devrez minimiser autant que possible l'énergie d'écoulement et de vidange, en commençant par garder le couvercle des toilettes fermé quand elles ne servent pas. La technique du ruban rouge dont on se sert en feng shui peut aussi être employée ici : attachez simplement un ruban rouge autour du tuyau de plomberie qui relie les toilettes au mur ou au sol. Cette technique peut aussi être utilisée pour les éviers et les lavabos, pour minimiser leur énergie de vidange.

Exemple : depuis que Paul et Carrie ont emménagé dans leur nouvelle maison, ils ont des difficultés financières. Paul a soudain été licencié de son emploi et Carrie a été forcée d'accepter des emplois d'intérimaire pour joindre les deux bouts en attendant. Il n'est peut-être pas surprenant que le *gua* Abondance & Prospérité de leur maison tombe précisément dans la principale salle de bains. Et en plus, c'est l'une des parties de la maison qu'ils aiment le moins : elle est démodée, et ils se sentent encore plus contrariés de savoir qu'ils n'ont pas, en ce moment, l'argent nécessaire pour la rénover correctement.

La première recommandation, qui peut être mise en œuvre immédiatement, est de garder le couvercle des toilettes fermé, si ce n'est pas déjà le cas. Ils devraient aussi utiliser la technique du ruban rouge et en nouer un autour des tuyaux des toilettes et du lavabo dès que possible. La deuxième chose à faire est de commencer à transformer la pièce pour qu'elle leur plaise davantage, en attendant qu'ils aient assez d'argent pour la rénover entièrement. En ce qui concerne la décoration, on oublie souvent les salles de bains, et elles peuvent facilement devenir plus fonctionnelles qu'esthétiques. C'est une bonne idée de faire attention aux objets d'art qu'on met dans une salle de bains, et de n'y ajouter que des éléments décoratifs qui vous parlent. Par exemple, changez de serviettes et adoptez un motif ou une couleur que vous aimez vraiment.

L'un des moyens les plus faciles de transformer une pièce sans dépenser beaucoup d'argent est de lui donner un bon coup de peinture. On se sent tout de suite mieux dans une pièce dont les murs sont d'une nouvelle couleur. Si Paul et Carrie veulent déclarer à l'Univers leur intention d'améliorer leurs finances, ils peuvent peindre la pièce couleur prune foncé ou lavande, pour rester cohérents avec la carte Bagua. S'ils n'aiment pas les teintes pourpres ou violettes, alors ils peuvent simplement ajouter des touches pourpres à la pièce, comme des bougies pourpres ou violettes, des améthystes ou une orchidée pourpre. Paul et Carrie devraient aussi ajouter des plantes et/ou du vert, ce qui va intégrer l'élément Bois et une énergie de mouvement et de croissance dans la pièce. Débarrasser les placards à linge ou à vêtements situés à proximité pourra aussi permettre l'entrée de nouvelles énergies.

Gua de la célébrité et de la réputation

Le *gua* de la célébrité et de la réputation est en relation avec la manière dont vous êtes perçu par un public. Il est bon de se concentrer sur ce secteur si vous voulez davantage de publicité ou si vous désirez une augmentation ou une promotion dans votre travail. Si vous êtes indépendant, cette zone peut vous aider à attirer de nouveaux clients et augmenter votre visibilité générale dans votre domaine d'activité. En affaires, la réputation est tout, et elle peut avoir une influence directe sur votre prospérité.

Vous pouvez voir comment les *guas* sont reliés entre eux, et comment tous les domaines de la vie s'affectent les uns les autres. On peut voir le *gua* de la célébrité et de la réputation comme l'expression extérieure du *gua* de la carrière et du but de la vie. Par exemple, votre carrière et but de votre vie impliquent peut-être que vous soyez écrivain, tandis que votre célébrité et votre réputation sont exprimées par le fait que votre livre est publié, ou devient un best-seller.

Couleur : Rouge
Élément : Feu
Élément de soutien : Bois
Élément destructeur : Eau

L'élément associé au *gua* de la célébrité et de la réputation est le Feu, ce qui rend cette partie de la maison particulièrement propice pour une cheminée. Cheminées et cuisinières sont les éléments Feu les plus puissants d'une demeure et, comme on l'a vu au chapitre 11, il y a de nombreux moyens d'intégrer l'élément Feu dans votre foyer ; par exemple, ajouter de l'éclairage artificiel et des bougies, ainsi que du cuir, des tissus d'ameublement, de la laine, des motifs floraux et de la couleur rouge.

Un autre moyen de dynamiser l'énergie du *gua* de la célébrité et de la réputation est d'intégrer des objets décoratifs en bois. Le Bois nourrit le Feu dans le cycle de construction, donc ajouter des meubles en bois, des plantes et des fleurs va dynamiser ce secteur. Et pour faire contraste, il est préférable de ne conserver qu'un minimum d'éléments Eau dans ce *gua*. Dans le cycle des cinq éléments, l'Eau éteint le Feu. Évitez d'ajouter des éléments Eau comme une fontaine, des images aquatiques, des dessus de table en verre, des miroirs, des surfaces réfléchissantes et des vases en verre.

Si votre secteur Célébrité & Réputation comprend une salle de bains, vous devrez faire un effort pour y inclure plus d'éléments Feu. Une salle de bains déborde littéralement d'éléments Eau, et l'énergie de vidange des toilettes n'est pas idéale. Gardez le couvercle des toilettes fermé quand elles ne servent pas pour empêcher l'énergie de s'enfuir. La technique du ruban rouge est aussi recommandée ici : attachez un ruban rouge autour du tuyau de plomberie qui relie les toilettes au mur ou au sol (la couleur rouge est utilisée en feng shui pour neutraliser l'énergie négative). Pour contenir ou contrôler l'élément Eau dans le secteur Célébrité & Réputation, vous pouvez aussi ajouter à votre salle de bains des éléments Terre.

Exemple : il y a deux ans, Caroline a lancé cabinet de conseil. Elle a réussi, mais elle est maintenant prête à passer au niveau supérieur. Elle a une clientèle régulière, mais elle se retrouve à travailler plus d'heures qu'elle ne le souhaite. Elle réfléchit à augmenter ses tarifs, mais elle ne veut pas pratiquer des prix trop élevés pour le marché. Caroline a une très bonne réputation, et peut tout à fait attirer des clients, dont il est inutile d'apporter des modifications majeures à son *gua* de la célébrité et de la réputation. On peut procéder à quelques petites stimulations pour l'aider à augmenter ses tarifs sans craindre de perdre des clients.

La pièce préférée de Caroline, sa salle de séjour, tombe dans le secteur Célébrité & Réputation. Elle y passe le plus clair de son temps et, en fait, il y a déjà des touches de rouge, et elle aime allumer des bougies. Juste à l'extérieur du séjour se trouve un patio assez rarement utilisé. Il n'est pas sous le toit, et il n'est donc pas inclus dans la carte Bagua, mais il n'en constitue pas moins une extension du secteur Célébrité & Réputation. Caroline aimerait avoir le temps de profiter davantage de son espace extérieur. Malheureusement, ce patio est un espace sous employé et, par conséquent, l'énergie qu'elle pourrait utiliser pour dynamiser sa célébrité et sa réputation n'est pas là.

Le premier pas pour dynamiser cette zone serait de la nettoyer de toutes les feuilles mortes et toiles d'araignée. Ajouter un salon de jardin dans le patio permettrait à Caroline de profiter de cet espace et de lui donner une nouvelle vie. Des plantes, une mangeoire à oiseaux et/ou des carillons contribueraient aussi à dynamiser cet endroit. Caroline pourra ainsi le trouver beaucoup plus accueillant et même y recevoir des invités ; ce qui fera des merveilles pour augmenter son *gua* Célébrité & Réputation. Ajouter du rouge et d'autres éléments Feu, comme un foyer ou des bougies, fournira aussi une énergie additionnelle.

Gua de l'amour et des relations (coin de l'amour)

Si vous vous êtes souvent trompé en cherchant l'amour, jetez un œil au *gua* Amour & Relations de votre foyer. C'est le secteur de votre maison que vous devez observer si vous voulez attirer, améliorer ou entretenir une relation amoureuse. Toute relation de cœur avec une autre personne est gouvernée par ce *gua*. Si vous êtes célibataire et ne désirez pas de relation suivie, il se rapporte à l'amour de vous-même. Après tout, nos relations avec autrui ne sont que le miroir de notre relation avec nous-mêmes. Améliorer l'amour de soi est en général le meilleur moyen d'améliorer les relations amoureuses.

Couleur : Rose
Élément : Terre
Élément de soutien : Feu
Élément destructeur : Bois

Les éléments des quatre coins de la carte Bagua ne sont pas aussi forts qu'avec les cinq autres *guas*. Bien que la Terre soit l'élément associé au coin de l'amour, son influence n'est pas dominante. Il faut mentionner que l'énergie de l'élément Terre dans ce secteur a des qualités yin, plus réceptives. En fait, la traduction de ce *gua* est « le réceptif ». Être suffisamment vulnérable pour recevoir l'amour est la clé d'une relation réussie, tout comme écouter son partenaire ; ce qui est une autre façon de recevoir.

Introduire des éléments Terre dans ce secteur peut aider à faire ressortir l'énergie de la réceptivité ; mais la couleur rose est associée avec le coin de l'amour parce que notre subconscient collectif associe le rose à l'amour. Le quartz rose est une pierre rose que l'on peut placer dans ce secteur, ainsi que les autres pierres mentionnées au chapitre 15. On peut aussi y ajouter de l'élément Feu, parce que c'est l'élément de soutien de la Terre.

Mettez dans ce secteur des objets d'art qui représentent des symboles d'amour. Vous pouvez aussi y placer des photos de vous et de la personne que vous aimez. Assurez-vous que tous vos objets d'art évoquent des émotions positives liées à l'amour. Évitez les objets ou les images uniques, comme la représentation d'un seul oiseau. Évitez aussi les images de trios, par exemple, un groupe de trois personnes. Il est préférable de mettre dans ce secteur des objets qui vont par paire. Par exemple, deux cousins, deux tables de nuit, deux sous-verre ou deux morceaux de quartz rose.

Notre subconscient capte constamment les subtilités de notre environnement et il a un fonctionnement très littéral. Les images, les symboles et les nombres font sur lui des impressions particulièrement fortes. C'est pourquoi la Federal Communications Commission (Commission fédérale sur les communications) a interdit les publicités subliminales à la télévision. Même si vous avez oublié les images suspendues au mur, votre subconscient les enregistre chaque jour.

Exemple : Susan a une carrière florissante, mais elle ne semble pas pouvoir trouver le même succès dans sa vie amoureuse. Depuis qu'elle a divorcé il y a cinq ans, elle a fréquenté divers hommes, et elle a même failli se fiancer avec l'un d'eux, mais elle avait l'impression de ne pas avoir trouvé la bonne personne. Elle est maintenant prête à avoir un partenaire et à se marier. Il se trouve que sa chambre à coucher est dans le *gua* Amour & Relations, ce qui rend particulièrement facile d'appliquer des remèdes positifs en matière de relations amoureuses. L'incongruité de ses tables de nuit saute aux yeux : l'une d'elles est bien plus grande et plus haute que l'autre. La plus petite et poussée dans le coin, et il y a à peine assez de place pour accéder à l'autre côté du lit. Les tables de nuit sont une indication de l'équilibre, ou du manque d'équilibre, de la relation qu'on a ou de celle qu'on désire. Il devrait y avoir deux tables de nuit à peu près de la même taille, sinon identiques. Les objets de décoration (lampes de chevet, etc.) de l'une et de l'autre devraient aussi être de même taille et de même poids. Les deux côtés du lit devraient être aussi accessibles et accueillants l'un que l'autre.

Il y a quatre gros oreillers sur le lit de Susan et un cinquième au centre. Si les nombres impairs sont visuellement attrayants en décoration, c'est quelque chose à éviter dans la chambre à coucher et dans le coin de l'amour. Ce cinquième oreiller est une représentation de Susan, plus précisément, de son célibat. Il y a aussi une belle œuvre d'art qui représente une silhouette de femme. Cette image devrait être sortie de la chambre à coucher parce qu'elle représente une femme seule. Même si elle est jolie et intéressante, une image de ce type envoie un message subliminal à notre subconscient. Il se peut qu'elle l'ait achetée subconsciemment à un moment où elle voulait être célibataire, mais cette époque est révolue. Il est conseillé de la remplacer par des œuvres d'art représentant deux personnes ou d'autres symboles d'amour.

Susan pourrait aussi ajouter des paires de bougies, ou d'autres objets de décoration allant par deux, pour renforcer l'énergie du couple. Elle pourrait mettre des morceaux de quartz rose sur sa table de nuit pour manifester plus facilement son désir de trouver un partenaire, et débarrasser ses garde-robes et ses armoires pour faire de la place pour quelqu'un, ce qui enverrait à l'Univers un autre message indiquant qu'elle est prête à accueillir quelqu'un dans sa vie.

Gua de la créativité et des enfants

La traduction du Yi King pour ce secteur est « joyeux » ou « lac joyeux » et elle est en rapport avec la créativité et l'amusement. Si vous voulez ouvrir la voie à votre créativité, vous devez accorder un peu d'attention à cette partie de votre maison. C'est aussi un secteur à étudier si vous avez besoin d'ajouter plus de jeux et de spontanéité à votre vie. Si vous voulez des enfants, ou si vous voulez améliorer vos relations avec vos enfants, c'est une partie de votre maison que vous devez dynamiser. Si le plan de votre maison le permet, c'est un bon endroit pour une pièce de jeux, une zone réservée aux activités artistiques ou une chambre d'enfant.

Couleur : Jaune ou couleurs pastel
Élément : Métal
Élément de soutien : Terre
Élément destructeur : Feu

Puisez dans votre enfant intérieur et intégrez des objets décoratifs qui évoquent le jeu. C'est un excellent endroit pour des photos de famille d'enfants qui s'amusent (sauf si c'est votre chambre à coucher). Le Métal est l'élément associé au *gua* de la créativité et des enfants. Utilisez des accents d'élément Métal, comme des cadres en métal, des accents d'or ou d'argent, ou des meubles en fer forgé. Vous pouvez aussi vous servir de roches et de minéraux pour dynamiser l'énergie Métal. La Terre est l'élément de soutien du Métal et on peut aussi l'intégrer dans cet endroit.

Vous pouvez ajouter des livres, des œuvres d'art ou des objets associés à vos activités créatrices, comme des instruments de musique, de quoi écrire ou du matériel artistique. Les meilleurs couleurs pour dynamiser ce *gua* sont le jaune, les pastels, l'argent, l'or, le cuivre ou les tons terre. Évitez les tons de rouge, car le Feu est l'élément qui contrôle le Métal. Ne placez qu'un minimum d'objets liés au Feu dans cette partie de votre foyer.

Exemple : Madeline veut explorer davantage son côté créatif pour échapper un peu à son emploi cerveau-gauche d'analyste financière. Elle a aussi le sentiment de travailler trop, au point de ne plus pouvoir profiter de la vie autant qu'elle le voudrait. Elle a le désir secret d'écrire des romans d'amour, mais elle ne prend jamais le temps de se consacrer à son écriture. La laverie de sa colocation est dans le *gua* de la créativité et des enfants. Elle se demande comment rendre une laverie suffisamment « amusante » pour stimuler sa créativité.

Quand il s'agit de pièces fonctionnelles comme les laveries, les pièces de service ou les garages, le mieux est de s'en servir pour l'usage auquel elles sont destinées et de les garder aussi bien rangées que possible. Dans le cas de Madeline, la première étape est de désencombrer la laverie. Elle devrait en retirer tout ce qui n'est plus utile ou approprié dans une laverie. Ensuite, elle peut réfléchir aux moyens de la décorer, en commençant par une peinture de couleur agréable. Ce n'est pas parce qu'une pièce est fonctionnelle qu'elle doit être terne. Elle pourrait mettre du jaune, car cette couleur est associée à l'élément Métal et, de façon plus générale, au jeu et à l'amusement.

Madeline pourrait ajouter au mur de petits tableaux fantaisistes. Si elle a des neveux ou des nièces, ou des enfants, c'est un excellent endroit pour les exposer. Bien que ces améliorations ne soient pas directement associées à l'écriture de romans, dynamiser l'énergie de ce secteur contribuera à activer ce domaine de sa vie. Ainsi, Madeline aura peut-être envie de suivre un cours d'écriture, de prendre un congé pour écrire ou de voyager dans des endroits qui inspirent l'écriture.

Gua des gens serviables et des voyages

On néglige souvent ce *gua*, mais il peut être une extraordinaire source de soutien dans tout domaine de votre vie. Il vous est probablement déjà arrivé de passer une journée où tout se met en place dans une parfaite synchronicité. Vous avez peut-être une discussion avec quelqu'un qui vous met en contact avec une autre personne qui a les informations dont vous avez besoin. C'est le type d'énergie que le *gua* des gens serviables et des voyages peut vous offrir. Il peut vous mener à des opportunités d'emploi, des conseils sur votre carrière, des synchronicités, une plus grande facilité avec la logistique ou même à rencontrer un nouvel amour.

La définition de « gens serviables » comprend des amis, des collègues et des étrangers. Le mot « voyage » fait référence à des endroits où vous aimeriez aller, ainsi qu'à de nouvelles expansions de votre esprit. De tous les secteurs, ce *gua* est celui qui est le plus proche du monde spirituel et il peut concerner notre connexion avec la source divine. Il peut aussi être en rapport avec le voyage astral. L'expression « gens serviables » peut aussi faire référence aux guides et aux anges, ou à un contact avec des êtres chers qui ont disparu. Les jours où notre vie semble gouvernée par la synchronicité, nous avons le sentiment d'être dirigés par quelque chose qui nous dépasse et d'être reliés à l'énergie de l'Univers. C'est l'essence du *gua* des gens serviables et des voyages.

Couleur : Gris ou blanc
Élément : Métal
Élément de soutien : Terre
Élément destructeur : Feu

Ce secteur de la maison comprend souvent un bureau ou une chambre d'amis. Si c'est le cas, cette pièce peut constituer un excellent endroit où disposer des images en lien avec les gens serviables et le voyage. Par exemple, si vous voulez voyager davantage, installez des images, des photos ou des tableaux en lien avec le voyage, comme des cartes ou des lieux où vous souhaitez voyager. Ce secteur est aussi un excellent endroit pour y mettre des objets ou des images en lien avec des divinités, des personnages spirituels, des guides et/ou des anges auxquels vous vous sentez connecté. Si le lieu s'y prête, on peut y mettre un tableau de visualisation, et c'est un bon endroit pour des photos de membres défunts de votre famille avec qui vous avez une connexion positive (sauf si c'est la chambre à coucher principale). Tous ces moyens peuvent vous permettre d'améliorer votre communication ou votre connexion avec le monde spirituel.

L'élément associé à ce *gua* est le Métal, bien que son énergie ne soit pas très forte. On peut utiliser le Métal comme accents de décoration, avec des cadres ou des pieds de lampe. Les couleurs associées à ce *gua* sont les gris, ainsi que le blanc et le noir. L'une des clés pour inviter davantage de l'énergie associée à ce *gua* est d'être ouvert à l'aide venue d'autres personnes ou d'autres sources. Il est tentant d'être un loup solitaire indépendant, capable de fièrement tout faire tout seul ; accepter de recevoir de l'aide peut nous rendre vulnérables, et beaucoup de gens voient cela comme embarrassant. Cependant, nous avons tous besoin d'aide de temps à autre, et nous aimons tous offrir notre aide en retour. Nous ne sommes pas ici pour rester seuls et tout faire par nous-mêmes. Demander du soutien est essentiel pour rencontrer les bonnes personnes.

Exemple : Janet a des photos de ses parents et de ses grands-parents, ainsi que quelques objets reçus en héritage, mais elle ne sait pas où les disposer. Elle a des souvenirs positifs de ces relations et elle aimerait leur rendre hommage. Il y a une chambre d'amis dans son secteur Gens serviables & Voyages, où elle n'a pas mis grand-chose à part un lit et une table de nuit. Elle a rarement des invités, mais elle aimerait en recevoir plus souvent. Décorer cette pièce pour la rendre plus confortable y ajoutera une énergie plus accueillante.

Mettre les photos de famille dans la chambre d'amis aidera à la réchauffer et à donner une place d'honneur à ces souvenirs sans qu'ils occupent son espace quotidien. Si Janet désire voyager, cette pièce est aussi un excellent endroit pour disposer des images de destinations où elle aimerait se rendre. Si Janet ne voulait pas avoir d'invités, il serait bon pour elle de modifier la fonction de la pièce pour en faire un bureau ou une pièce où elle pourrait se livrer à ses hobbies ou aux activités qui l'intéressent.

Gua de la santé et du bien-être

Techniquement, on ne considère pas le centre de la carte Bagua comme un *gua*. Au lieu d'un trigramme, il est associé au symbole yin-yang, où le yin et le yang sont en parfait équilibre et en parfaite harmonie. C'est pourquoi il est associé à l'élément Terre. Ce secteur fait le plus souvent référence à la santé physique. Comme vous en avez probablement fait l'expérience, si votre santé est compromise, toute votre vie est chamboulée. C'est la raison pour laquelle le centre de la carte Bagua a été associée à la santé. Tout affecte notre santé, et notre santé affecte tout le reste. Il ne s'agit pas uniquement de notre santé physique, mais aussi de notre bien-être mental et émotionnel.

Si vous avez un problème de santé, ou une maladie chronique, vous devez accorder votre attention à ce secteur de votre maison. C'est aussi la zone à étudier si vous voulez commencer un nouveau programme d'exercices, vous débarrasser d'une autre mauvaise habitude (comme fumer, par exemple), ou améliorer votre alimentation.

Couleur : Tons terre
Élément : Terre
Élément de soutien : Feu
Élément destructeur : Bois

Sur de nombreux plans de maison, le centre est un espace ouvert, un couloir, un escalier central ou un mur porteur. Un escalier ou un mur porteur donnent une énergie d'ancrage pour la maison ; mais faites attention à éviter d'encombrer les endroits qui l'entourent : l'énergie doit circuler autour de ces structures. Débarrassez aussi les couloirs et les portes, pour stimuler le flux d'énergie. Si cette zone est un espace que l'on traverse, assurez-vous qu'il ne s'y trouve pas trop de meubles pour que l'énergie puisse circuler sans obstacles.

S'il y a une salle de bains dans ce secteur, on peut se servir de la technique du ruban rouge (décrite dans la section sur le coin de la richesse et le *gua* de la célébrité et de la réputation), car une salle de bains dans ce secteur peut provoquer des fluctuations de la santé à cause de l'énergie instable de la plomberie. Attachez un ruban rouge autour du tuyau qui relie les toilettes au mur ou au sol. Ajoutez aussi des éléments Terre pour mieux ancrer l'énergie instable et contenir l'élément Eau. L'élément Terre est associé à ce secteur. Les tons terre sont les meilleures couleurs à utiliser dans cet espace, en plus de céramiques, de poteries, de terre cuite et de récipients. L'élément qui soutient la Terre est le Feu ; donc, des touches de rouge se marieraient bien avec les tons terre.

Exemple : depuis qu'ils ont emménagé, il y a quelques années, John et Sally ont dû gérer quelques ennuis mineurs de santé ainsi qu'une prise de poids progressive. Ils ont eu beaucoup de stress et d'anxiété liés à de mauvaises conditions de travail, et cela a augmenté leur tension artérielle et a provoqué d'autres problèmes de santé liés au stress. Au centre de leur maison, il y a un escalier qui relie le rez-de-chaussée à l'étage supérieur et à la cave.

L'énergie vertical d'un escalier peut causer de l'instabilité. Le secteur Santé & Bien-être est associé à la Terre, qui est une énergie d'ancrage, stable et équilibrée. John et Sally devront d'abord s'assurer que les portes et les couloirs autour de l'escalier ont un flux d'énergie adéquat. Ils doivent en retirer tout meuble intrusif ou obstructif, pour qu'il y ait au moins un mètre d'espace pour circuler. Les couloirs et les espaces que l'on traverse, s'ils sont trop étroits, peuvent avoir sur notre corps un effet stressant et affecter immédiatement notre respiration et notre rythme cardiaque.

Pour mieux ancrer l'énergie de l'escalier, ils peuvent placer des plantes en pot en bas et en haut de l'escalier. Ils peuvent aussi y mettre des pots décoratifs en terre cuite, ou de gros cristaux, surtout s'il n'y a pas de lumière naturelle dans la cave. Des lampes décoratives, et de la verdure, peuvent aussi être placées le long de la balustrade, pour qu'il y a une énergie régulière le long de l'escalier afin d'aider à ancrer l'énergie.

Utiliser la carte Bagua comme outil de développement personnel

Vous devez maintenant bien comprendre où les domaines de votre vie tombent dans votre maison. Par exemple, si vous voulez améliorer vos finances, vous devez étudier comment améliorer votre coin de la richesse, et peut-être votre secteur Célébrité & Réputation. Ou peut-être que vous pouvez améliorer vos revenus si vous voyez plus clairement quel est votre but dans la vie. Et bien sûr, il est toujours bon d'avoir plus de gens serviables dans votre vie. Vous pouvez voir comment les *guas* interagissent.

Vous remarquerez peut-être un thème récurrent dans votre vie en ce qui concerne vos difficultés ; ou bien elles peuvent varier avec le temps, en fonction des situations de votre vie. Par exemple, à certains moments de notre existence, nous pouvons n'avoir aucun problème de travail et d'argent, mais une absence de relations. À d'autres moments, on peut filer le parfait amour, mais avoir du mal à connaître son but dans la vie. C'est pourquoi le feng shui n'est pas quelque chose dont on ne se sert qu'une fois, mais une façon de vivre au quotidien. Au fur et à mesure de l'évolution de votre vie, votre espace aussi va évoluer. Et en devenant plus conscient de votre lieu de vie, vous deviendrez plus conscient de vos choix de vie.

La carte Bagua est un excellent outil à utiliser pour apporter à votre foyer et à votre vie des changements positifs. Plutôt que d'essayer de transformer toute votre maison par le feng shui, concentrez-vous sur les domaines de votre vie représentés sur la carte Bagua avec lesquels vous avez en ce moment le plus de difficultés. Une autre façon d'aborder les choses est d'apporter des changements aux parties de votre maison que vous aimez le moins. Puis, voyez où ces espaces tombent sur la carte Bagua. Vous obtiendrez ainsi probablement des informations intéressantes sur ce que cet espace renvoie dans votre vie à l'heure actuelle. Par exemple, si la pièce ou l'endroit que vous aimez le moins dans votre maison est l'armoire à linge, alors, notez où celle-ci tombe sur la carte Bagua. Il y aura probablement une corrélation avec cet aspect de votre vie. Quand vous aurez apporté des modifications à cette armoire, vous constaterez que ce domaine de votre vie se transformera de façon positive.

En abordant le feng shui comme une pratique quotidienne, vous ne serez pas écrasé par l'idée que vous devez transformer toute votre maison par le feng shui en une seule journée. Votre maison évolue constamment, et très franchement, elle ne sera jamais parfaite. Pourquoi ? Notre foyer est un miroir de nous-mêmes, et nous ne serons jamais parfaits non plus. Au contraire, ce qui compte, c'est le voyage, pas la destination. Donc, quand vous faites de la décoration, quand vous appliquez les principes du feng shui, ou même quand vous nettoyez l'armoire à linge, amusez-vous et profitez de ce processus sans vous efforcer d'atteindre la perfection.

La carte Bagua n'est que l'un des nombreux outils utilisés en feng shui pour améliorer notre lieu de vie et notre vie. Dans mon expérience de consultante en feng shui, en travaillant avec des clients, je suis toujours surprise de la précision qu'il peut avoir comme représentation exacte de notre situation de vie actuelle. Cela dit, étudier la fonction de certaines pièces peut aussi être un moyen efficace d'apporter des changements. Par exemple, quand un client désire améliorer ou attirer une relation, je vais étudier non seulement le secteur Amour & Relations de la carte Bagua, mais aussi la chambre à coucher principale. Le chapitre suivant montre comment intégrer les cinq éléments dans un lieu en se basant sur la fonction de cette pièce pour qu'elle ait une énergie optimale.

CHAPITRE TREIZE – Guide pièce par pièce pour se servir des cinq éléments

Dans le chapitre précédent, vous avez appris comment vous servir des cinq éléments en conjonction avec la carte Bagua pour dynamiser des domaines particuliers de votre vie. Les cinq éléments peuvent aussi être utilisés en association avec la fonction d'une pièce pour y apporter plus d'harmonie et d'équilibre. Les pièces d'une maison représentent différents aspects de nous-mêmes, selon leur fonction. Par exemple, la cuisine est l'endroit où nous préparons les repas pour nous nourrir et nourrir notre famille. Par conséquent, elle représente ce qui entretient notre existence. Le bureau est le lieu où nous gérons nos affaires, par exemple, une entreprise à domicile. Il représente donc notre carrière et la façon dont nous gagnons de l'argent.

En plus d'utiliser la carte Bagua comme représentation de certains domaines de votre vie, vous pouvez aussi prendre en considération les fonctions et les représentations symboliques de pièces spécifiques. Dans mon livre *Mind, Body, Home*, toutes les parties de la maison sont analysées et réduites à leur représentation symbolique telle que nous la percevons physiquement, mentalement ou émotionnellement. Dans la section suivante, nous verrons certaines des pièces les plus courantes et comment les dynamiser en se servant des cinq éléments en relation avec leur fonction.

Cuisine

La cuisine représente ce qui maintient en existence, le « nourrissement » de nous-mêmes et des autres. Il n'est pas étonnant que la cuisine soit souvent le lieu central de réunion pour la famille et les amis. Votre cuisine dit tout ce qu'il y a à savoir sur votre santé. Si vous cherchez à améliorer votre santé, ou si vous souffrez d'une maladie physique, il est important de considérer les modifications que vous pouvez apporter à votre cuisine. Plus vous l'appréciez, plus vous serez susceptible de cuisiner des repas sains. C'est littéralement une métaphore pour l'entretien positif de votre vie. À chaque fois que je travaille avec un client qui essaie de perdre du poids, ou de modifier son alimentation, les difficultés m'apparaissent clairement dès que je regarde sa cuisine. Bien souvent, la peinture est inadaptée, les plans de travail sont encombrés de bric-à-brac et il n'y a pas de place pour s'asseoir pour manger. C'est en général une pièce où l'on n'a pas envie de passer beaucoup de temps, sans parler d'y digérer correctement un repas.

L'une des plus grandes difficultés, quand on cherche à perdre du poids ou à modifier son alimentation, c'est d'effectuer la transition entre prendre ses repas à l'extérieur et les prendre à l'intérieur. Le problème n'est pas qu'on passe trop de temps dans la cuisine ; c'est qu'on n'y passe pas assez de temps. Il est beaucoup plus facile d'aller chercher un plat à emporter, ou de réchauffer un plat préparé, que de passer du temps dans la cuisine à se faire quelque chose de sain… du moins, sauf si vous avez une cuisine où vous aimez être. Pour manger mieux, vous devez aimer votre cuisine. Si vous l'aimez déjà, et si c'est l'une de vos pièces préférées, alors, vous vous sentez probablement en bonne santé.

Les cuisines tendent généralement à avoir un équilibre naturel des cinq éléments. La cuisinière est un puissant élément Feu et l'évier est un puissant élément Eau. À cause de leur intensité, il vaut mieux qu'ils ne soient pas places trop près l'un de l'autre, car cela pourrait créer trop de friction dans la pièce. Le remède à cet agencement en feng shui est de mettre quelque chose de rouge sur le plan de travail entre la cuisinière et l'évier. Les autres éléments sont d'habitude correctement représentés. Par exemple, les meubles de cuisine sont la plupart du temps en bois. Les appareils électriques sont d'ordinaire en acier inoxydable ou en un autre métal. Les plans de travail et le sol sont souvent en granit ou en carrelage, en matériau composite ou en un matériau imité.

Regardez votre cuisine et voyez si les cinq éléments y sont naturellement équilibrés. Remarquez aussi dans quel secteur de la carte Bagua elle tombe et quel est l'élément dominant de ce secteur. La plupart des cuisines présentent un équilibre des cinq éléments, mais j'en vois parfois où l'on s'est surtout servi de finitions à dominante noire. Les plans de travail et les appareils électriques sont tous noirs, ce qui représente beaucoup d'eau. Ceci peut être contrebalancé par la cuisinière et en ajoutant plus d'éléments Bois. Vous pouvez mettre une plante sur le plan de travail, pour diminuer l'influence de l'élément Eau. Il est particulièrement important de remédier à cela si la cuisine est située dans le *gua* de la célébrité et de la réputation, qui correspond à l'élément Feu.

En plus de travailler avec les cinq éléments, voici d'autres astuces pour créer une cuisine que vous aimerez.

Changez les couleurs

Les couleurs peuvent beaucoup affecter notre énergie, notre métabolisme, notre humeur et notre digestion. Regardez objectivement la couleur des murs de votre cuisine. Est-ce que vous l'aimez ? Est-ce que cette couleur pourrait être améliorée ? Est-ce qu'elle vous stimule, vous calme ou vous donne envie de quitter la pièce ? Si vous n'aimez pas la couleur de votre cuisine, vous n'y mangerez pas ou, même, vous n'y digérerez pas bien vos aliments. Les couleurs émettent une énergie qui peut complètement changer la façon dont vous vous sentez dans une pièce.

Il vaut mieux se servir de couleurs appétissantes dans une cuisine. Pensez aux couleurs naturelles des fruits et des légumes, comme des teintes de vert, de jaune et de rouge. Il est déconseillé de se servir de couleurs ternes ou peu naturelles. En règle générale, le rouge et le vert sont de bonnes couleurs pour les cuisines et les salles à manger. Des jaunes ternes, des ors, des bruns ou des couleurs boueuses peuvent laisser une impression de dégoût et avoir le même genre d'effet sur la digestion. Et plus important encore, votre cuisine doit être d'une couleur que vous aimez.

Diminuez l'encombrement

L'encombrement représente une énergie stagnante, et l'excédent de poids de notre corps est aussi une énergie stagnante ; il y a une corrélation directe. La cuisine finit souvent par être encombrée de toutes sortes de papiers et de lettres, ce qui peut rapidement vous ôter l'envie d'y mettre les pieds. Remarquez ce que fait votre corps et où il veut aller. Si vous remarquez qu'il évite la cuisine, il y a probablement du bric-à-brac quelque part. Et surtout, vous ne devez en aucune circonstance placer la litière de vos animaux domestiques dans la cuisine : c'est une tout autre étape de la digestion. Ne perturbez pas votre corps.

Videz les placards

Même si l'encombrement n'est pas visible, votre subconscient sait qu'il est là, quelque part, au fond des placards. J'ai constaté que beaucoup de gens ont du mal à se défaire de boîtes Tupperware ou d'autres ustensiles de cuisine. Si ces objets ont l'air inoffensifs, ils peuvent peser sur notre subconscient et nous empêcher de passer du temps dans la cuisine.

Videz le réfrigérateur et le garde-manger

Videz, nettoyez et rangez régulièrement votre réfrigérateur et votre garde-manger. Tout aliment a une vibration. Vous ne devez pas avoir d'aliments moisis à proximité d'aliments sains. Débarrassez-vous de tous les aliments qui ne correspondent pas à l'alimentation que vous voulez avoir.

Mettez un peu de piquant

Je ne parle ni de gingembre, ni de piment, mais ce n'est pas une mauvaise idée non plus ! Si vous le pouvez, pourquoi ne pas donner un peu plus de peps à l'ambiance de votre cuisine. Par exemple, ajoutez une œuvre d'art liée à la cuisine. L'art est comme un message subliminal. Vous pouvez avoir une tableau représentant des aliments sains ou qui comporte des affirmations positives, comme « Vis, Aime, Ris ». Ajoutez une bougie, un livre de cuisine saine, une centrifugeuse ou une étagère à épices. Des fleurs fraîches et des fruits sont également toujours une touche agréable. Quelques petites touches peuvent vous permettre de transformer votre cuisine en votre pièce préférée, et vous vous retrouverez à cuisiner des repas sains et délicieux.

La chambre à coucher

La chambre à coucher représente les relations intimes, tant avec soi-même qu'avec nos partenaires amoureux, ainsi que la relaxation et la restauration du mental, du corps et de l'esprit. C'est là que nous allons pour nous retirer du monde, surtout la nuit, quand nous dormons. Elle devrait vraiment ressembler à un sanctuaire. Dans l'ensemble, l'énergie de la chambre à coucher devrait être plus yin que yang, pour contribuer à favoriser le repos et la relaxation. Ce devrait être un endroit de détente, pas un lieu de tension. Le lit devrait être le point focal de la chambre à coucher et occuper le devant de la scène, tant en ce qui concerne sa position que sa fonction. Minimisez toutes les autres fonctions de la chambre à coucher, en particulier les activités reliées au travail ou au sport. Les seules autres fonctions appropriées à une chambre à coucher sont l'habillement et la préparation, un peu de yoga léger pour la relaxation, la lecture ou la méditation. Et oui, vous devez aussi minimiser ces autres activités dans la chambre à coucher. Par exemple, évitez d'avoir une bibliothèque dans votre chambre à coucher et une surabondance d'armoires à vêtement. Les objets ont une énergie, en particulier les livres, et plus il y a de choses dans la pièce, plus il y a d'énergie qui y tourbillonne et qui vous empêchera de vous détendre correctement.

Évitez aussi de vous servir de couleurs vives et d'œuvres d'art trop chargées dans la chambre à coucher. Choisissez plutôt des tableaux abstraits reposants, des paysages et des photos de vous et de la personne que vous aimez. En ce qui concerne la couleur, vous pouvez utiliser des tonalités yin chaudes, comme chocolat, prune foncé ou des teintes neutres. Si vous préférez une ambiance plus légère, des murs d'un blanc brillant et des couettes duveteuses sont une bonne alternative. Même si elle a une énergie plus yang, l'esthétique minimaliste peut favoriser le sommeil, pourvu que la pièce ne soit pas encombrée.

Vous pouvez aussi vous servir des cinq éléments dans la chambre à coucher pour créer un sanctuaire reposant et romantique. Il est important d'avoir un équilibre des cinq éléments dans la chambre à coucher et d'éviter qu'aucun ne soit trop dominant. Un déséquilibre énergétique peut perturber la qualité de votre sommeil. C'est quand nous dormons que nous sommes les plus vulnérables et les plus sensibles à l'énergie. Remarquez si vous avez une quantité disproportionnée de l'un des éléments dans votre chambre à coucher. Si c'est le cas, chercher comment vous pouvez la diminuer et/ou ajoutez d'autres éléments pour trouver un équilibre.

Les bougies, ou un éclairage tamisé, sont de bons moyens d'ajouter de l'élément Feu sans créer trop d'énergie yang. Une association de l'élément Feu et de l'élément Eau donne un cadre romantique. De manière générale, vous devrez éviter de mettre trop de Feu dans la chambre à coucher, mais une petite touche peut ajouter une étincelle de romantisme. Faites entrer l'élément Bois en ajoutant une plante ou deux. Les plantes d'intérieur aux feuilles arrondies sont particulièrement utiles dans une chambre à coucher, parce qu'elles purifient l'air et absorbent toute négativité du champ aurique.

Quand vous intégrez l'élément Métal, il vaut mieux éviter les angles vifs. Par exemple, de petites tables en métal peuvent être trop tranchantes et trop froides pour la chambre à coucher. Servez-vous plutôt de la forme ronde de l'élément Métal ou des couleurs qui lui sont associées. Certains fabricants de meubles combinent le métal et les miroirs dans les meubles pour chambre à coucher, ce qui, bien que beau sur le plan esthétique, ne produit pas une bonne énergie pour la chambre à coucher et devrait être évité.

Ajouter une dose de Terre aide à créer une ambiance confortable pour la chambre à coucher. Les couleurs chaudes de l'élément Terre apportent une énergie yin qui donne un sentiment accueillant de sécurité et d'ancrage. Trop de Terre, cependant, peut créer trop de stagnation en ce qui concerne la passion. Là aussi, servez-vous de l'élément Terre en combinaison avec les autres éléments.

On peut aussi intégrer l'élément Eau en se servant de formes ondulées et d'objets décoratifs en verre, comme un vase. Même si les miroirs sont des éléments Eau, évitez de vous en servir dans la chambre à coucher : ils sont d'une nature extrêmement yang en raison de leur qualité hautement réflective. Ils produisent trop d'énergie yang pour une chambre à coucher et, en conséquence, perturbent le sommeil.

Si vous avez absolument besoin d'un miroir dans votre chambre à coucher pour pouvoir vous habiller et vous préparer, mettez-le d'un côté du lit. Selon une règle traditionnelle du feng shui, un miroir en face du lit fait intervenir une troisième personne dans la relation ou encourage l'infidélité. J'ai constaté cette corrélation avec mes clients et j'en suis venue à la croire moi-même. Si vous avez un miroir en face de votre lit, je vous recommande vivement de l'enlever immédiatement. Remplacez-le par un paysage reposant ou des images positives en rapport avec l'amour ou avec votre relation.

La salle de bains

La fonction de la salle de bains a beaucoup évolué ; autrefois simple dépendance à l'extérieur de la maison, c'est maintenant l'une des pièces les plus importantes de la maison sur le marché de l'immobilier. La taille de la salle de bains a augmenté démesurément ces dernières décennies, et cette pièce est maintenant davantage en rapport avec le fait de prendre soin de soi-même et de son apparence, de se chouchouter, qu'avec l'hygiène de base. Mais quelle que soit sa taille, il est important de la décorer comme vous le feriez pour n'importe quelle autre pièce. Ajoutez des tableaux, des fleurs et des bougies pour la rendre esthétiquement agréable et accueillante.

Comme on l'a vu dans les chapitres précédents, la salle de bains est fortement liée à l'élément Eau. Ceci peut être problématique si elle est située dans un secteur de la carte Bagua dont l'élément est incompatible, sans parler de la vidange des toilettes. Si l'une ou l'autre de ces situations s'applique à votre salle de bains, utilisez la technique du ruban rouge. Gardez aussi à l'esprit que l'élément Eau doit être équilibré en utilisant les autres éléments. On peut y parvenir en ajoutant de l'élément Bois. Le Bois absorbe l'Eau et donc aide à en diminuer les effets. Par exemple, une petite plante placée comme accent sur une surface de la salle de bains est un moyen d'intégrer facilement l'élément Bois.

La salle de séjour

C'est la salle de séjour qui exprime le mieux la personnalité du propriétaire de la maison ou du chef de famille. C'est l'endroit le plus public d'une maison, et c'est en général là que l'on reçoit ses invités. Quand vous entrez dans la salle de séjour de quelqu'un, vous pouvez avoir une bonne idée de la personnalité de ses occupants. Dans le cas d'une famille, le séjour devrait comporter une place pour chacun et donner une impression d'unité familiale.

C'est en général dans le séjour que se situe la cheminée, qui représente la famille et les traditions familiales. Avant l'invention du chauffage central, c'était devant la cheminée que toute la famille se réunissait le soir pour se réchauffer. Il n'est pas surprenant que l'on place souvent sur le dessus de la cheminée les photos de famille, les portraits ou les héritages. S'il y a une cheminée dans une pièce, elle constituera le point focal autour duquel les meubles seront disposés. Mais si cette pièce est aussi celle où on regarde la télévision, ceci peut être délicat ; les meubles devront alors être placés pour permettre de profiter au mieux de la télévision.

La salle de séjour étant un espace partagé, il est préférable d'y avoir un équilibre des cinq éléments, afin que tout le monde se sente soutenu et à l'aise. Si vous vivez seul, vous pouvez décorer votre séjour pour qu'il reflète au mieux votre personnalité et votre type élémental, comme nous le verrons au prochain chapitre. S'il y a une cheminée dans le séjour, elle représentera l'élément Feu. Il est en général facile de trouver l'élément Bois dans une salle de séjour, sous la forme de tables en bois et de capitonnage pour les sièges. Les plantes sont aussi un moyen agréable d'ajouter l'élément Bois.

L'élément Métal est habituellement intégré sous la forme de pieds de lampe, d'accents de décorations métalliques et de meubles. Le séjour est en général un espace actif, de type yang et, par conséquent les éléments Eau y sont rarement dominants. Si vous préférez une pièce plus détendue, vous pouvez ajouter des éléments Eau, comme une fontaine d'intérieur. Pour une pièce plus confortable, ajoutez des éléments Terre, comme des paniers et des plaids. Les éléments Terre s'accordent bien avec les séjours qui ont une cheminée, en raison de la compatibilité entre la Terre et le Feu.

Pensez à la fonction et à l'ambiance générale que vous voulez donner à cette pièce et ajustez les éléments en conséquence. Par exemple, est-ce que votre priorité est d'avoir la place d'organiser un club de lecture ? Vous préférerez peut-être un endroit où votre famille peut se réunir pour regarder des films. Voulez-vous d'un endroit plutôt reposant, ou plutôt actif ? Vous devrez tenir compte de toutes ces considérations avant de décider comment disposer vos meubles et quels éléments vont dominer dans cette pièce.

Le bureau

Vous pouvez vous servir des cinq éléments pour l'agencement de votre bureau afin d'avoir un environnement de travail plus agréable. Parce que les éléments sont en rapport avec la manière dont notre énergie fonctionne, il y a une étroite corrélation entre notre type élémental et la manière dont nous abordons le travail. Un bureau où nous nous sentons bien nous aidera à apprécier davantage notre travail, à nous sentir plus libres et donc à être plus productifs.

Les principes qui gouvernent l'agencement de votre bureau personnel s'appliquent aussi aux bureaux en dehors de votre domicile, mais vous n'aurez pas autant de contrôle sur l'ameublement dans un espace de travail public. S'il se trouve que vous êtes chef d'entreprise, ou que vous êtes responsable de l'achat des meubles pour l'entreprise où vous travaillez, les principes des cinq éléments peuvent vous aider à choisir meubles et finitions.

Qu'il soit chez vous ou ailleurs, le bureau lui-même est ce qu'il y a de plus important dans un espace de travail. Il vaut mieux qu'il soit placé au centre de la pièce, plutôt que face à un mur. En feng shui, ceci s'appelle la position de commandement, ou la position de pouvoir. Être capable de voir la porte s'ouvrir sur la pièce est essentiel si vous voulez vous sentir en position de force quand vous travaillez. Pour la même raison, nous préférons ne pas être assis dos à une porte dans un restaurant. Notre réflexe de « fuite ou combat » préfère se sentir en contrôle à tout moment, même si personne n'entre jamais dans votre bureau. Faire face à un mur quand on travaille est également déplaisant et donne l'impression d'être limité et il faut donc l'éviter autant que possible.

Avez-vous remarqué que la plupart des bureaux de direction font face à la porte d'entrée du bureau, tandis que les employés sont assis dans des box, tournant le dos à la porte ? Ce n'est pas une coïncidence ; c'est une indication de la structure du pouvoir dans une entreprise. Les cadres intermédiaires ont souvent des bureaux en forme de L, fonctionnels pour pouvoir être multitâche. Réfléchissez à ces différents types de bureaux quand vous en choisissez un pour votre espace de travail. Voulez-vous avoir le sentiment d'être un PDG, un cadre intermédiaire ou un simple employé ?

Ensuite, pensez au matériau idéal pour votre bureau en fonction de votre type élémental. Préférez-vous un bureau en bois, en métal, en verre ou d'un autre matériau ? Croyez-le ou non, ceci peut affecter votre productivité. Voyons de plus près quel est le meilleur bureau pour chaque type élémental. Voyez le chapitre 4 pour déterminer votre constitution élémentale.

Bureaux pour type Bois

La tendance d'un élément Bois à la frustration se voit souvent dans les situations de travail. Beaucoup de types Bois ont leur propre entreprise, ou travaillent comme indépendants, parce que leur énergie archétypale est celle du pionnier. Il est donc particulièrement important pour un type Bois d'avoir un espace de travail où il se sente soutenu. Les types Bois aiment en général les meubles en bois, mais ils devraient éviter d'en avoir trop dans leur bureau, car cela peut leur donner une impression d'étouffement, de claustrophobie et renforcer leurs frustrations existantes.

Les types Bois devraient aussi faire attention à ne pas avoir trop d'éléments Feu dans leur espace de travail. Quand ils sont déséquilibrés, c'est souvent parce qu'il y a trop d'énergie yang, ce qui les pousse trop vers l'élément Feu, où ils peuvent rapidement se consumer. Des éléments Terre et Métal peuvent calmer les types Bois. Faire entrer dans le bureau des aspects de ces deux éléments peut donner aux types Bois une énergie de soutien.

Pour le type Bois, un bureau en métal a trop de l'énergie de cet élément et a tendance à lui sembler froid et abrasif. Cependant, un bureau blanc est un moyen plus doux d'amener l'élément Métal. Un bureau carré ou rectangulaire, qui sont les plus communs, contribuera à apporter l'ancrage de l'élément Terre. Les types Bois peuvent éventuellement être attirés par les bureaux en verre, mais ils devraient faire très attention à leur énergie s'ils en ont un. L'élément Eau nourrit l'élément Bois, ce qui peut aussi bien soutenir qu'exacerber l'énergie d'un type Bois.

Bureaux pour types Feu

Si l'élément Feu est dominant chez vous, s'il vous plaît, réfléchissez avant d'acheter ce bureau rouge ! J'ai eu une cliente qui était un très fort élément Feu et qui avait un bureau rouge tant chez elle qu'à son travail. C'était inhabituel, d'autant plus qu'il est difficile de se procurer un bureau de cette couleur. Elle se servait rarement de ce bureau, mais quand elle le faisait, elle était facilement distraite et déconcentrée. Un bureau en verre est un bien meilleur choix pour un type Feu, puisque l'élément Eau aide à calmer et à rafraîchir le Feu. Les bureaux de verre sont souvent renforcés par des cadres métalliques, qui sont aussi compatibles avec l'élément Feu. Un bureau blanc (la couleur du Métal) est aussi compatible avec les types Feu. Les types Feu sont souvent attirés par les meubles en bois. L'élément Bois nourrit l'élément Feu et peut exacerber les qualités du Feu. Cela dit, dans certains cas, l'élément Bois peut contribuer à calmer l'élément Feu. Si vous êtes de type Feu, remarquez votre disposition envers le bois, et voyez comment il calme ou stimule votre énergie et servez-vous en en conséquence.

Bureaux pour types Terre

Le bureau favori du type Terre est en général le canapé ou la table de cuisine. Pour ceux qui ont l'élément Terre en dominante, un bureau n'est pas une priorité. En fait, ils n'ont probablement pas de bureau, parce qu'ils préfèrent travailler avec des groupes de gens, ou passer du temps avec leur famille. S'il y a un bureau au domicile d'un type Terre, c'est sans doute plus pour payer les factures ou organiser l'entretien de la maison. S'il est nécessaire de générer du revenu à partir d'un bureau, un meuble en bois est l'idéal. Les types Terre devraient éviter les bureaux en verre ou de couleur sombre.

Bureaux pour types Métal

Les types Métal apprécient leur bureau et en sont souvent fier. Il ne serait pas étonnant que le bureau d'un type Métal soit une table à dessin ou un autre type de poste de travail qui ait une fonction plus spécifique que celle de simple bureau, car la forme et la fonction sont leur plus grande priorité. Les types Métal devraient éviter les meubles en métal dans leur lieu de vie. Ils devraient aussi éviter les bureaux en verre, parce que plus d'éléments Eau créent plus d'énergie Métal. Sans oublier que les traces de doigt sur les surfaces en verre peuvent rendre complètement fous les gens dominés par l'élément Métal. Un bureau en bois serait une bonne idée pour les types Métal, tant que ce bureau remplit la fonction nécessaire.

Bureaux pour types Eau

Un bureau n'est en général pas une grande priorité pour les types Eau, car ils peuvent très bien préférer travailler dans leur lit ou sur le canapé. Cela dit, se faire un bureau peut être utile pour créer cette frontière si nécessaire entre le travail, le jeu et la vie personnelle. Si un type Eau travaille depuis son domicile, ou travaille comme indépendant, il est très important pour lui d'avoir un bureau qui lui apporte un soutien, pour que son énergie continue de circuler positivement.

Parce que les types Eau peuvent avoir tendance à manquer de motivation, un bureau où ils aiment passer du temps peut leur donner davantage d'énergie. Ajouter les éléments yang du Bois et du Feu dans leur espace peut être compatible sur le plan énergétique ; un bureau en bois, ou un bureau rouge, est l'idéal. Les types Eau devraient éviter d'ajouter des éléments Eau, comme le verre et les formes ondulées. Ils devraient aussi se servir d'éléments Terre en très petite quantité pour éviter la stagnation.

Nous pensons rarement à la manière dont nous aménageons notre bureau, en particulier en ce qui concerne notre propre énergie. Souvent, je vois dans ces espaces des meubles de seconde main et ils créent des environnements de travail très peu souhaitables. C'est dommage, car nous passons souvent beaucoup de temps dans un bureau. Si l'énergie est éteinte, on peut être malheureux quand on travaille, ou chercher d'autres endroits de la maison où travailler sans savoir vraiment pourquoi. Si vous vous reconnaissez, regardez votre bureau d'un œil objectif et voyez s'il vous est possible de le dynamiser en vous servant des suggestions données dans ce chapitre. Dans le chapitre suivant, vous découvrirez encore plus de moyens de vous servir des cinq éléments pour contribuer à soutenir votre énergie personnelle dans toute votre maison.

CHAPITRE QUATORZE – Intégrer votre élément personnel pour un équilibre optimal

Quand les cinq éléments sont équilibrés, les lieux acquièrent un ordre et un rythme naturels ; la nature vierge est notre meilleur guide pour observer le fonctionnement du cycle des cinq éléments. Dans les chapitres 10 et 11, nous avons vu comment reproduire la nature dans nos espaces intérieurs et extérieurs en nous servant des cinq éléments. Quand nous nous guidons sur les cinq éléments pour décorer notre lieu de vie, nous pouvons leur apporter consciemment un ordre et un rythme qui auront un impact positif sur notre vie. Dans les chapitres 12 et 13, vous avez appris comment intégrer les cinq éléments dans votre lieu de vie en vous servant de la carte Bagua et selon la fonction de chaque pièce.

Cependant, il y a une autre énergie à prendre en compte quand on se sert des cinq éléments, indépendamment de l'agencement spatial d'une pièce : votre élément personnel. Nos espaces de vie contiennent leur propre énergie et leur propre équilibre entre les cinq éléments, basés sur le climat et le terrain. Plus tard, nous leur avons ajouté nos meubles et nos accessoires et dans l'idéal, ils devraient créer l'harmonie dans le lieu. Et pour finir, nous y faisons entrer notre propre énergie et celle de tous les autres occupants éventuels.

L'énergie du lieu où nous vivons nous affecte, et nous l'affectons en retour. Nos espaces de vie ont leur propre constitution énergétique, tout comme nous. En fait, vous pouvez voir les gens comme des boules d'énergie se déplaçant d'un lieu à un autre. Vous pouvez ainsi imaginer l'effet que l'énergie, les pensées et les émotions ont sur un espace. Il est donc important de tenir compte de notre énergie quand il s'agit de nos espaces, surtout quand on décore avec les cinq éléments. Ainsi, l'équilibre pentélémentaire de notre lieu de vie est personnalisé pour correspondre au mieux à l'équilibre des cinq éléments en nous-mêmes. Une relation de symbiose se forme avec notre foyer. En conséquence, votre maison aura l'air très belle et accueillante, et deviendra un sanctuaire de guérison que vous adorerez retrouver.

En vous basant sur votre constitution élémentale, déterminée au chapitre 4, vous pouvez réfléchir à des moyens de décorer votre maison d'une manière qui apporte un soutien à votre énergie. Par exemple, si vous avez une dominante de l'élément Feu, avoir beaucoup plus d'éléments Feu dans votre foyer ne serait pas ce qu'il y a de mieux pour vous. Une personne de type Feu se sentira mieux avec plus d'éléments Eau et Terre autour d'elle.

Jetons un coup d'œil à chacun de ces scénarios et à la meilleure manière d'intégrer les cinq éléments dans votre espace, en commençant par les personnalités yin et yang.

Décorer pour les types yang

Si vous avez un score élevé des éléments Bois et/ou Feu, ou si vous vous reconnaissez dans les caractéristiques yang, il est très probable que vous soyez une personne dynamique, qui préfère des espaces ouverts et très lumineux. D'ordinaire, nous sommes attirés par les espaces qui correspondent à notre énergie ; s'il vous est arrivé de vivre dans un lieu qui n'y correspondait pas, vous vous en êtes probablement rendu compte très vite. J'ai vécu dans quelques endroits qui étaient trop yin, et j'ai fini par apprendre que les lieux qui n'ont pas assez de lumière ne sont pas bons pour moi. Au début, j'appréciais le confort douillet des espaces à énergie yin, mais très vite, elle ne m'a plus été utile, et j'ai eu une folle envie de grandes fenêtres laissant entrer beaucoup de lumière.

Si les gens yang sont en général attirés vers des espaces bien éclairés, il est important qu'ils aient aussi accès à des zones de la maison qui ont un peu d'énergie yin. Quand une personne yang est déséquilibrée, elle a tendance à devenir anxieuse, à avoir du mal à se détendre. Même si les gens yang adorent les lieux yang, c'est une bonne idée d'avoir au moins un endroit dans la maison qui soit à dominante yin, car il les aidera à se relaxer et à restaurer leur énergie.

La chambre à coucher est la pièce de la maison par excellence qui devrait avoir une dominante d'énergie yin, surtout pour les gens yang. Avoir de l'énergie yin dans la chambre à coucher la rendra plus propice au sommeil. Se servir d'une palette de couleurs chaudes, comme des rouges et des violets sombres, ou des tons chocolat, est un bon moyen de faire entrer de l'énergie yin. Du linge de lit et des oreillers somptueux contribueront aussi à rendre la chambre apaisante et confortable. Ajoutez des couvre-fenêtre adéquats pour modifier la quantité de lumière et avoir un peu d'intimité.

Les mêmes couleurs et le même éclairage s'appliquent aussi à tous les autres lieux où vous voulez ajouter de l'énergie yin. Par exemple, une bibliothèque ou un coin lecture peut être un bel endroit pour profiter de l'énergie yin. Les salles de cinéma et les « man caves » sont d'autres exemples de pièces qui sont souvent de nature yin. Si les couleurs sombres et les lumières tamisées peuvent convenir pour regarder la télévision, la nature yin du lieu le rend en fait propice à la détente après une longue journée de travail. L'ironie de la « man cave » est qu'elle est en fait très féminine sur le plan énergétique. C'est un parfait exemple de la manière dont nous nous servons des lieux pour équilibrer notre propre énergie.

Exemple : Décorer pour les types yang

Jan est une femme d'affaires prospère qui travaille de longues heures et voyage occasionnellement pour son travail. Elle vit dans un bel appartement, avec des plafonds hauts et des fenêtres du sol au plafond. Elle a choisi de vivre en appartement, ce qui convenait mieux à son style de vie, car elle ne voulait pas avoir à entretenir une grande maison. Malheureusement, elle travaille tant qu'elle est vite stressée et qu'elle a peu de temps pour elle-même. Elle a constaté que même quand elle rentre chez elle, elle a du mal à se détendre, et qu'elle travaille aussi quand elle est dans son appartement.

Le style de vie de Jan a trop d'énergie yang. Entre le rythme effréné de son travail, ses voyages et son environnement de vie yang, il y a trop peu d'énergie yin dans sa vie, voire aucune. À ce rythme-là, son corps va finir par la forcer à ralentir et à prendre des jours d'arrêt maladie. Jan a besoin de créer dans son appartement un espace à énergie yin pour l'aider à se détendre quand elle rentre chez elle. Il est important que son environnement de vie forme un contraste avec son bureau, qui est aussi un immeuble très haut avec beaucoup de fenêtres. Créer une chambre à coucher plus douillette est une possibilité. Elle devrait peindre sa chambre à coucher d'une couleur plus sombre que les autres pièces de la maison. Sa literie devrait être luxueuse, et son lit devrait ressembler à un havre de paix où elle pourra trouver un sommeil de qualité.

Ce serait aussi une bonne idée pour Jan de créer un autre espace tranquille, quelque part dans la salle de séjour. Il peut s'agir d'une salle de lecture douillette, avec un fauteuil confortable, une ottomane, une petite table et une lampe de lecture. Une autre option est un espace de méditation, si elle veut commencer cette pratique. Même un endroit confortable pour regarder la télévision contribuerait à l'empêcher de travailler quand elle rentre chez elle. Nos espaces de vie doivent renforcer ce dont nous avons besoin pour équilibrer notre vie afin de rester heureux et en bonne santé, et non pas nous déstabiliser encore plus.

Décorer pour les types yin

Si vous avez des scores élevés dans les éléments Métal et/ou Eau, vous avez une dominante d'énergie yin. Vous êtes très probablement quelqu'un de calme, qui aime les périodes de solitude. La tendance des gens yin, quand ils sont déséquilibrés, est d'avoir trop peu d'énergie. Il est important que leur lieu de vie ne contribue pas à drainer leur énergie en étant trop yin. Il y a une règle générale, en feng shui, qui dit qu'un lieu devrait être à 60 % yang et à 40 % yin. Les gens yin ont tendance à vivre dans des endroits plus yin, donc il est important d'y apporter plus d'énergie yang.

Le meilleur moyen d'ajouter plus d'énergie yang est de laisser entrer plus de lumière naturelle dans le lieu. On peut par exemple tailler les arbres et les buissons autour de la maison, ou simplement ouvrir les volets et les rideaux durant la journée pour laisser entrer la lumière naturelle. Un autre moyen d'ajouter plus d'énergie yang est d'ajouter des éclairages artificiels ou simplement de remplacer les ampoules qui doivent l'être.

Exemple : Décorer pour les types yin

Alice aime son emploi de bibliothécaire dans une école. Elle a toujours aimé les livres et elle aime partager sa passion avec les enfants. Cependant, elle est épuisée à la fin de la journée et elle n'a plus d'énergie pour quoi que ce soit d'autre que rentrer chez elle. Elle vit seule et se sent souvent isolée quand elle ne travaille pas, surtout dans les mois d'été, quand l'école est fermée. Elle aimerait rencontrer plus de gens et trouver d'autres activités en dehors de son travail.

Elle vit dans un charmant petit bungalow des années 1930. Les murs de sa salle de séjour sont recouverts de bibliothèques du sol au plafond et les rideaux sont généralement tirés. Parce qu'elle n'est pas souvent dehors et qu'elle entre par la porte du garage, à l'arrière, elle ne remarque même pas que les buissons cachent presque entièrement sa porte d'entrée, sans parler de la prolifération des plantes sur les côtés de la maison.

Alice travaille et vit dans des environnements yin, et il n'est donc pas surprenant qu'elle soit en manque d'énergie. Les enfants avec qui elle travaille sont la seule source d'énergie yang dans sa vie. Il n'y a pas de fenêtres dans la bibliothèque où elle travaille, et l'éclairage de sa maison est tamisé. Le bungalow est une maison de nature yin, parce que les pièces sont très séparées les unes des autres et ont des fenêtres relativement petites.

Pour rencontrer des gens et avoir des hobbies, elle doit d'abord faire circuler sa propre énergie. Elle doit faire appel à un jardinier pour tailler les plantes qui entourent sa maison. Avoir plus de visibilité autour de sa porte d'entrée contribuera à faire circuler l'énergie et à ouvrir de nouvelles opportunités de rencontre. Quand elle est chez elle dans la journée, Alice devrait ouvrir les rideaux pour laisser entrer plus de lumière chez elle.

Les bibliothèques de la salle de séjour créent un effet de verticalité qui donne une impression de petitesse et d'enfermement. Même si elle aime les livres, il peut être souhaitable qu'elle en ait un peu moins. Abuser d'une bonne chose peut conduire à la stagnation. Si elle réduisait un peu sa collection de livres et remplaçait ses bibliothèques par des étagères plus basses, l'énergie circulerait mieux dans son lieu de vie, et donc en elle-même.

Décorer pour les types Bois

Quand vous considérez les éléments, vous remarquerez peut-être que vous avez tendance à décorer avec l'élément dans lequel vous avez eu le score le plus élevé. Par exemple, si vous avez une dominante en élément Bois, vous remarquerez peut-être que vous avez une prédominance de Bois dans votre maison. Il est naturel d'être attiré par ce qui nous est familier ; c'est quelque chose qui nous est confortable. Un tel environnement peut vous apporter du soutien, jusqu'au moment où il mène à un déséquilibre de votre énergie. Dans le cas des éléments Bois, il peut être nécessaire de diminuer la quantité de meubles en bois.

Les gens Bois sont des visionnaires, et leur foyer le montre souvent clairement. Leur lieu de vie est normalement décoré selon une esthétique moderne, à la pointe de la technologie. Ils apprécient la forme et la fonction du *design* et peuvent même se servir de leur foyer comme d'un exutoire créatif ou d'une source d'expression de soi. Les types Bois seront attirés par des maisons de style contemporain ou moderne, plutôt que de style traditionnel, comme les styles victorien ou colonial. Ils peuvent aussi trouver confortables les chalets en bois, ou aimer trouver refuge dans les montagnes.

Le signe révélateur du déséquilibre d'un type Bois est la frustration. L'élément Bois est si concentré sur le fait d'aller de l'avant que quand les choses ne se déroulent pas selon ses plans, il est sur les nerfs. Dans ces cas-là, il est nécessaire de prendre du recul et de réévaluer les choses, ce qui est souvent difficile pour les gens Bois. Si vous trouvez ce scénario familier, vous avez peut-être trop d'énergie Bois. En suivant le cycle des cinq éléments, vous devrez ajouter un peu d'éléments Terre et Métal dans votre environnement.

L'endroit de votre maison où vous intégrerez d'autres éléments pour atteindre l'équilibre peut dépendre des domaines de votre vie où votre déséquilibre est le plus marqué. Par exemple, si vous vous sentez frustré dans votre travail, il est conseillé d'équilibrer l'énergie Bois dans votre bureau. Si votre frustration réside dans votre relation, alors vous devrez équilibrer l'énergie Bois dans votre chambre à coucher.

Étant moi-même de type Bois, j'ai constaté que j'ai tendance à devenir frustrée quand mes projets de travail n'avancent pas aussi vite que je le voudrais. J'ai décidé de changer mon bureau, qui était en bois (élément Bois), pour un bureau blanc (élément Métal). J'ai aussi mis un bol chantant en métal sur mon bureau. Dans le cycle des cinq éléments, le Métal contrôle le Bois, et donc contribue à l'équilibrer. J'ai remarqué que mon énergie s'est immédiatement modifiée. J'aimais être assise à mon bureau et j'étais beaucoup plus calme quand je travaillais.

Utiliser la couleur blanche est un très bon moyen d'ajouter plus de Métal dans un intérieur. Les maisons modernes ont souvent une dominante de blanc, et comme on l'a vu ci-dessus, les types Bois trouvent les maisons modernes attirantes. Un peu de blanc permet de se servir agréablement de l'élément Métal pour équilibrer l'énergie yang du Bois. On peut ajouter d'autres couleurs et textures au moyen d'œuvres d'art, de cousins et d'objets de décoration, pour que les autres éléments soient aussi représentés dans l'espace.

Si vous avez tendance à avoir trop de Bois, minimisez la quantité d'éléments Eau dans votre environnement. Dans l'exemple d'un bureau de travail, un bureau en verre va augmenter la tendance à la frustration, parce que l'élément Eau nourrit le Bois. Quand un type Bois ressent trop de sa propre énergie élémentale, il tend vers le Feu, où la frustration devient colère. Dans ce cas-là, il vaut mieux éviter d'avoir trop d'éléments Feu dans un lieu.

Le bois est l'un des matériaux les plus faciles à utiliser en ameublement en raison de sa fonctionnalité. Par conséquent, il peut facilement dominer un espace si vous n'êtes pas prudent. Si vous remarquez un excès d'éléments Bois dans votre intérieur, pensez à y associer quelques accents Terre et Métal. Pour ajouter l'énergie nourricière de la Terre dans votre espace, vous pouvez y mettre un panier de couvertures ou des poteries en argile. Pour ajouter de l'élément Métal, vous pouvez vous servir d'objets ronds ou ovales. La forme ronde s'associe bien avec les carrés et les rectangles de l'élément Terre.

Décorer pour les types Bois : Résumé

Les types Bois sont naturellement attirés par les éléments Bois qui les entourent. Cependant, trop de bois peut donner à un type Bois une impression de claustrophobie. Si vous ajoutez trop d'Eau au Bois, vous obtenez beaucoup de bois gorgé d'eau, donc faites attention à ces deux éléments ! En général, il est préférable d'équilibrer le Bois avec la Terre et le Métal, avec un filet d'Eau et une étincelle de Feu.

Exemple : Décorer pour le type Bois

Pam a une société de conseil qu'elle gère depuis son domicile depuis ces deux dernières années. Elle a travaillé pendant des années pour une entreprise avant de lancer la sienne. Son but est de développer son entreprise hors de son domicile, avec jusqu'à dix employés, d'ici 5 ans. En ce moment, elle travaille depuis son bureau, qui fait aussi fonction de chambre d'amis. Parfois, elle est un peu frustrée par le temps qu'il a fallu pour développer son entreprise. Même si elle se rend compte que développer une entreprise prend du temps, elle a tendance à être impatiente quand elle pense au but qu'elle s'est fixée.

Pam travaille sur un bureau en bois en L, avec un meuble de rangement en bois sur un côté. Il y a une grande étagère sur un mur, avec une série de photos orientées latéralement le long du mur. Il vaudrait mieux que Pam équilibre sa personnalité Bois avec les éléments Terre et Métal pour lui donner plus de patience et d'ancrage. L'élément Métal va tempérer sa frustration, et l'élément Terre va l'aider à construire des fondations solides pour son entreprise.

Pour diminuer la quantité d'énergie Bois, Pam pourrait penser à remplacer son bureau en bois par un meuble d'un autre matériau, comme du stratifié blanc, pour apporter de l'élément Métal. En plus de changer de matériau pour son bureau, elle pourrait en choisir un d'une forme différente, par exemple un bureau de chef s'entreprise, qui lui donnerait une énergie différente de celle du bureau en L, utilisé normalement par les cadres intermédiaires.

Pam devrait aussi remplacer le lit pour invités par un canapé convertible, pour que la fonction de bureau soit dominante dans cette pièce. La verticalité de la bibliothèque apporte une énergie Bois et peut être minimisée en la remplaçant par un meuble plus bas, de forme horizontale. Elle peut ensuite accrocher les tableaux horizontalement au-dessus de sa bibliothèque pour avoir plus d'énergie d'ancrage.

Décorer pour les types Feu

Les gens de type Feu aiment l'énergie de l'adrénaline. Ils ne cessent d'agir et d'avancer… jusqu'à s'effondrer complètement. Il est important qu'ils connaissent leurs limites pour éviter de devenir déséquilibrés. Les types Feu ont tendance à être attirés par les éléments Eau, que ce soit dans la nature, sous la forme de lacs et d'océans, ou simplement en buvant de l'eau. Ils ont même tendance à transpirer davantage que la plupart des autres éléments et doivent souvent renouveler leurs fluides.

Parce que les types Feu vont souvent au-delà de leurs capacités, ils ont souvent besoin d'une bonne giclée d'eau pour les rafraîchir ; vivre près de l'eau est donc idéal pour eux. Si cela ne leur est pas possible, il est encore plus important pour les types Feu d'intégrer l'élément Eau dans leur environnement.

Un intérieur de type Eau peut avoir une influence apaisante sur les gens de type Feu. Si un type Feu est enclin à se sentir stressé au travail, une fontaine à eau dans leur bureau peut leur être utile. Au contraire des types Bois, les gens de type Feu peuvent bénéficier d'un bureau au dessus en verre, parce que le verre est un élément Eau. Se servir de la couleur bleue pour les murs, ou comme accent, peut aussi les apaiser. Ils devraient faire un usage modéré de la couleur rouge, car elle va stimuler encore plus leur circulation sanguine. Les couleurs sombres et les tons terre complètent l'énergie Feu.

En ce qui concerne les meubles et les finitions, les formes carrées et rondes sont compatibles. Choisissez des meubles bas, horizontaux, plutôt que des meubles hauts. Par exemple, une commode assez basse est préférable à une grande armoire. Les meubles plus proches du sol sont yin parce qu'ils attirent l'œil vers le bas, tandis que les meubles hauts sont yang et attirent l'œil vers le haut. Les meubles yin contribuent à équilibrer les types Feu.

Le Bois nourrit l'élément Feu et devrait donc être utilisé avec modération s'il existe une tendance à trop accumuler de Feu. Cela dit, les types Feu ont parfois envie de se servir de beaucoup de Bois, ce qui peut contribuer à les calmer ; quand vous mettez beaucoup de bûches sur un feu, il est étouffé. Pour cette raison, il n'est pas rare que les éléments Feu apprécient les zones boisées et les cabanes en rondins comme endroits pour se détendre.

Parce que le Feu est le plus yang des éléments, il est important que les types Feu disposent d'un endroit pour se relaxer. Une chambre à coucher, ou un coin tranquille dans la maison, peut constituer un sanctuaire agréable à la fin de la journée. Avoir une maison de vacances où ils peuvent vraiment tout oublier est aussi une bonne idée pour les types Feu ; le meilleur environnement pour cette maison serait près de l'eau ou en montagne.

Décorer pour les types Feu : Résumé

Les types Feu ont tendance à accumuler un excès d'énergie Feu et ils ont besoin d'espaces calmes pour s'équilibrer. Évitez de vous servir de rouge ; optez plutôt pour des couleurs yin (des tons chaleureux et des couleurs terre). Le blanc est aussi une couleur compatible. Intégrer l'élément Eau va calmer le Feu. Installer un coin tranquille dans la maison, et si possible avoir une maison de vacances, aidera l'élément Feu à se détendre quand ce sera nécessaire.

Exemple : Décorer pour les types Feu

Meg est quelqu'un d'heureux dans l'ensemble, qui travaille comme bénévole pour plusieurs organisations en plus de son emploi à temps partiel et de son rôle de mère. Elle aime sa vie active, et les autres aiment son dynamisme et son enthousiasme. Cependant, elle a constaté qu'elle s'épuise souvent au point de devoir se retirer complètement de certaines activités afin de recharger ses batteries. Elle a des problèmes d'anxiété et se réveille souvent au milieu de la nuit avec des rêves angoissants.

La chambre à coucher de Meg est vers l'avant de la maison, exposée au soleil du matin. De plus, elle a dans cette pièce des tableaux de ses amis et de sa famille, ainsi que des reproductions d'œuvres d'art colorées. Elle se sert souvent de sa chambre à coucher pour regarder la télé et rattraper son travail en retard sur son ordinateur portable avant de finir par s'endormir. C'est un exemple d'un excès d'énergie yang dans la chambre à coucher, sans compter l'énergie supplémentaire de Meg elle-même, en tant que type Feu. Pour retrouver son énergie, il est important pour Meg d'avoir une grande quantité de sommeil de qualité, ce qui signifie qu'il est essentiel pour elle de créer un sanctuaire reposant et paisible.

Puisque sa chambre à coucher est à l'avant de sa maison (le côté yang) et reçoit le soleil du matin, il est important que ses fenêtres soient couvertes par de lourds rideaux. Ils serviront à empêcher d'entrer l'énergie de la rue et la lumière directe du soleil, pour un sommeil optimal. Meg devrait remplacer les photos de sa famille et de ses amis par des images reposantes et sereines. Les types Feu aiment les gens, mais il vaut mieux que les photos de la famille et des amis soient dans un autre partie de la maison. Les seules photos de gens dans la chambre à coucher devraient être celles de la personne qu'on aime.

Meg devrait éliminer la couleur rouge de sa chambre à coucher et ne l'utiliser qu'au minimum dans les autres parties de sa maison. Il est également important pour elle d'établir des limites et de ne pas travailler au lit sur son ordinateur. La chambre à coucher ne devrait servir qu'au repos et à la relaxation pour permettre un sommeil réparateur. Pour les gens qui ont du mal à dormir, ou qui sont sensibles aux stimuli extérieurs (deux choses qui concernent les types Feu), regarder la télévision peut aggraver ces troubles du sommeil.

Décorer pour les types Terre

Vous reconnaissez la maison d'une personne de type Terre à l'impression de confort qu'elle dégage. Vous vous sentirez immédiatement chez vous, assis sur un canapé confortable avec une bonne tasse de café bien chaud. Il y aura beaucoup de photos de famille dans la pièce et beaucoup de livres dans la bibliothèque. Les gens Terre aiment leur foyer et aiment y recevoir de la famille et des amis. La plus grosse difficulté des gens Terre, c'est qu'ils se laissent déborder par le bric-à-brac.

« Confortable » peut vite devenir « étouffant » si on accumule trop de choses avec le temps. Les gens Terre ont tendance à ne pas déménager très souvent. Ils amassent des choses année après année et ont beaucoup de mal à s'en débarrasser, en général par attachement affectif ou par nostalgie. Les gens Terre sont parfois les historiens de leur famille, car ils sentent qu'il est de leur devoir de conserver les babioles, photos et héritages de famille. Ils ont tendance à décorer leur intérieur avec des objets de famille et des antiquités, ce qui crée une ambiance chaleureuse et confortable. Cependant, s'accrocher à trop de choses du passé rend difficile d'avancer dans la vie.

La difficulté dont les types Terre me font part le plus souvent, c'est qu'ils ont l'impression que leur vie stagne et qu'ils ont du mal à changer afin d'aller de l'avant. Dans ce cas, il est temps de procéder à un désencombrement majeur. Au lieu d'ajouter des objets dans leur maison, la première chose que les types Terre doivent faire, c'est en enlever. Désencombrer, ranger et simplifier sont des aspects de l'élément Métal qui peuvent amener les types Terre à l'équilibre.

En plus de désencombrer leur maison, les gens de type Terre doivent y introduire plus d'énergie yang pour créer du changement ou plus de mouvement dans leur vie. Dans ce cas, ils devraient intégrer davantage d'éléments Bois dans leur environnement. Le Bois est l'élément du changement et de la croissance, et c'est l'élément qui contrôle la Terre dans le cycle de destruction. Les plantes sont un excellent moyen d'ajouter de l'élément Bois dans un lieu tout en y ajoutant aussi l'énergie de la force vitale. D'autres moyens d'inclure plus d'énergie Bois est de se servir de la couleur verte et de décorer avec des objets rectilignes de haute taille.

S'ils ont l'impression de stagner, les types Terre devraient avoir chez eux un minimum d'éléments Terre. Il est inutile qu'ils ajoutent davantage d'énergie Terre à leur lieu de vie, parce qu'ils en ont déjà en abondance de par leur propre énergie élémentale. Ils devraient aussi faire usage avec parcimonie de l'élément Eau. La Terre est l'élément qui contrôle l'Eau, et ces deux éléments ne sont pas très compatibles, ce qui conduit à davantage de stagnation. Par conséquent, il devrait y avoir aussi peu que possible de meubles et d'objets décoratifs en verre.

Décorer pour les types Terre : Résumé

Tout le monde aime le confort de la maison d'un type Terre, mais trop de cette vibration de confort peut rendre ces personnes trop complaisantes et leur enlever toute envie d'aller de l'avant. Ajouter de l'élément Bois peut remettre les choses en mouvement. L'élément Feu peut aussi ajouter une dose d'énergie yang, mais trop de Feu finira par créer plus de Terre et mener par conséquent à plus de stagnation. L'élément Métal est un élément compatible qui peut être utilisé en décoration.

Exemple : Décorer pour les types Terre

Susan travaille pour la même entreprise pharmaceutique depuis 18 ans. Elle est fière de son travail et aimée de ses collègues. Cependant, depuis 2 ans environ, elle se sent mal à l'aise dans son emploi. Elle se sent déchirée : elle apprécie de toucher un salaire régulier et les avantages que propose son entreprise et elle est reconnaissante d'avoir de poste, mais elle ne trouve plus de satisfaction dans son travail. Elle sait qu'elle a plus à offrir au monde que remuer de la paperasse. Elle aimerait travailler directement avec des gens pour les aider à changer de vie et à être plus créatifs.

Susan aime sa maison, et tous ceux qui y viennent l'aiment aussi. Elle est chaleureuse, confortable et tout le monde s'y sent chez soi. La salle de séjour est parsemée de photos de famille et d'albums photos. Malheureusement, les armoires sont remplies de livres, de cassettes vidéo et d'autres objets divers que Susan a depuis longtemps oubliés. Les canapés sont confortables, avec une table basse centrale qui permet de converser agréablement, de profiter d'une tasse de thé et de recevoir les membres de son club de lecture. L'endroit où vit Susan montre très bien à quel point elle apprécie les gens et sait les recevoir ; mais il indique aussi son incapacité à apporter du changement dans sa vie.

Susan a très envie d'un changement de carrière, mais elle est trop à l'aise dans sa situation actuelle pour faire quoi que ce soit. Si Susan a de merveilleuses qualités humaines, elle a besoin de davantage d'énergie de l'élément Bois pour l'aider à procéder à des changements. Ajouter des objets de grande taille, et des plantes qui poussent vers le haut, peut contribuer à faire entrer l'énergie de la croissance. Susan pourrait aussi ajouter un peu d'Eau pour favoriser la croissance de l'élément Bois. Quelques étincelles d'élément Feu pourraient aussi apporter de l'énergie yang, mais pas trop, sinon elles créeront plus de Terre.

Susan a aussi sérieusement besoin de faire le vide. Tout ce qui encombre ses armoires et ses placards reflète la stagnation qui règne dans sa vie. En faisant circuler plus d'énergie dans son espace – surtout une énergie de changement et de croissance – Susan pourra avoir envie de suivre une formation en arts thérapeutiques ou de lire des livres qui lui permettront de découvrir comment elle peut aider les autres. De là, elle pourra peu à peu apporter d'autres changements, étape par étape. Elle peut se sentir progresser sans avoir peur de perdre son sentiment de sécurité.

Décorer pour les types Métal

On peut ne pas se rendre compte qu'on est dans la maison d'un élément Métal avant d'ouvrir un tiroir ou un placard et de remarquer que tout est étiqueté et rangé par ordre alphabétique. Les types Métal sont des organisateurs et ils adorent les endroits bien organisés. Avant d'intégrer davantage mon côté cerveau droit dans ma vie d'adulte, j'étais principalement un élément Métal. Il n'y avait pas dans ma chambre le désordre habituel des chambres d'adolescent ; au contraire, les vêtements de ma penderie étaient rangés selon leurs couleurs et mes CDs étaient rangés par ordre alphabétique (mais maintenant, j'ai iTunes pour organiser ma musique) !

Si l'organisation présente de nombreux avantages, elle peut nuire aux types Métal : ces gens peuvent devenir obsédés par le rangement au point d'éteindre leur créativité ou de rendre fous les gens avec qui ils vivent. Les types Métal peuvent même être si exigeants sur la manière dont ils organisent leur espace que leurs relations en deviennent tendues ou se détériorent. Porté à l'extrême, le comportement Métal peut devenir une forme de trouble obsessionnel compulsif (TOC) où il y a un besoin extrême de contrôle de l'environnement.

En revanche, quand ils sont équilibrés, les types Métal ont normalement des lieux de vie extraordinaires. De nombreux architectes et *designers* sont de type Métal, car cet élément donne un sens raffiné du style et de l'esthétique. L'attention que le Métal porte aux détails peut ajouter à un endroit la touche finale que les autres types élémentaux négligeraient. En raison de leur approche minimaliste, leurs espaces sont en général libres de tout encombrement et donc sont beaux et agréables à vivre, et l'énergie y circule bien. Il est cependant important pour les types Métal d'inclure leur personnalité dans le lieu afin qu'il n'ait pas l'air froid et dénué de caractère.

Pour les types Métal qui ont tendance à présenter de trop fortes caractéristiques de leur élément, il est conseillé d'intégrer davantage d'élément Feu dans leur espace. Le Feu fait fondre le Métal et en conséquence diminue la quantité d'énergie Métal dans un lieu. Utiliser la couleur rouge en décoration est un excellent moyen d'ajouter du Feu ; on peut aussi ajouter plus d'éclairage et des bougies. Le Feu est l'élément le plus créatif et le plus passionné et sert en quelque sorte d'antidote à la tendance souvent trop analytique de l'élément Métal.

Parce que le Métal est le commencement de la phase yin, il a tendance à devenir trop yin si (ou quand) il est déséquilibré. En plus du Feu, on peut aussi utiliser l'élément Bois pour équilibrer l'élément Métal en ajoutant de l'énergie yang. Et parce que le Métal est l'élément qui contrôle le Bois, il donne au Métal quelque chose sur quoi exercer son énergie. Cela dit, une surabondance d'objets Bois est susceptible de créer de l'irritabilité chez une personne Métal, donc la modération est la clé. Ajouter des éléments Terre peut ajouter plus de chaleur à un lieu (ce qui est parfois nécessaire dans la maison d'un élément Métal), mais trop de

Terre va créer plus d'énergie de l'élément Métal. Par conséquent, évitez de mettre trop de tons terre.

Décorer pour les types Métal : Résumé

Les types Métal sont des organisateurs naturels qui ont tendance à avoir des foyers propres et bien rangés. Mais quand ils sont déséquilibrés, les gens de type Métal peuvent devenir trop rigides et inflexibles dans divers domaines de leur vie, y compris leur façon de tenir leur maison, au point de mettre en danger leurs relations. Dans ce cas, il est important d'avoir des endroits dans la maison où vous et les autres pourrez vous installer confortablement et vous détendre. Par exemple, un canapé confortable et bien rembourré dans une petite pièce peut offrir un contraste agréable avec les pièces parfaitement organisées du reste de la maison. Intégrer des éléments Bois contribuera aussi à réchauffer les pièces et à minimiser une trop forte influence de l'énergie Métal. Les éléments Eau et Feu sont aussi compatibles, et la présence d'éléments Terre devrait être réduite au minimum.

Exemple : Décorer pour les types Métal

Jim est concepteur de logiciels et il vit dans un appartement proche de son lieu de travail. Il aime son emploi, surtout parce qu'il a l'opportunité d'associer ses compétences techniques avec son côté créatif quand il crée de nouveaux *designs*. Il fait beaucoup d'heures supplémentaires et il n'est donc pas souvent chez lui. Il mange rarement à son domicile, et vit surtout dans sa chambre à coucher et son bureau. Son lieu de vie en est le reflet et est en général vide de toute énergie personnelle. Il veut être plus sociable et peut-être même attirer quelqu'un dans sa vie. Il se rend compte qu'il doit d'abord construire un espace de vie plus accueillant, qui lui ressemble davantage.

Jim devrait aménager son séjour pour pouvoir plus facilement recevoir des amis et des petites amies. L'idéal serait de disposer les sièges afin de créer un espace de conversation, avec une table basse au milieu. Parce que Jim a voyagé partout dans le monde, il peut exposer des photos de ses voyages pour ajouter son énergie au lieu. Un peu plus d'éléments Bois, comme une table basse en bois, une plante verte et quelques fleurs ajouteraient aussi une impression de chaleur et d'ancrage à cet espace.

Ce serait aussi une bonne idée pour Jim de rendre sa cuisine plus accessible pour cuisiner, car cette pièce est le centre nourricier d'une maison. Se servir davantage de la cuisine pour préparer des repas transformera sa maison en foyer et l'aidera à attirer un amour nourricier. Quelques épices, des fleurs sur le plan de travail et des aliments frais ajouteront de l'énergie positive et lui donneront envie de se servir davantage de sa cuisine. Il se peut qu'il ait même envie d'inviter quelqu'un à dîner.

Il en va de même pour la chambre à coucher de Jim. À l'heure actuelle, elle n'a aucun caractère, et il est clair qu'elle ne sert qu'à dormir et se préparer. Au lieu de désencombrer, il doit plutôt ajouter quelques objets à cette pièce pour qu'elle reflète davantage sa personnalité. Jim pourrait ajouter quelques tableaux aux couleurs chaudes et profondes, pour créer une ambiance plus romantique. Quelques tissus doux et une couette moelleuse mettent aussi de la chaleur dans une pièce.

Décorer pour les types Eau

Les personnes chez qui l'élément Eau est dominant sont enclines à passer beaucoup de temps chez elles en comparaison des autres types élémentaux. Le vendredi soir, ils préfèrent rester chez eux avec un bon livre ou un bon film plutôt que de faire la tournée des bars. Les gens Eau ont tendance à être minimalistes et pratiques quand il s'agit de leur maison et de leur ameublement. Le monde matériel est moins important pour eux que les mondes mental et spirituel, où ils passent le plus clair de leur temps. Mais ils aiment vraiment leur lieu de vie : il leur sert de refuge contre le reste du monde.

Les foyers des types Eau sont en général de nature plus yin en extérieur et en intérieur. Par exemple, il peut être difficile de trouver la maison ou la porte d'entrée. Des arbres, des buissons ou du lierre peuvent la cacher pour garantir plus d'intimité. L'intérieur est peut-être faiblement éclairé, des lampes à poser constituant la principale source de lumière. Il y aura au moins une pièce ornée de bibliothèques, et beaucoup de livres. En entrant, il peut vous arriver d'oublier complètement où vous êtes, et de ne pas vouloir quitter ce paisible refuge. C'est en cela que réside la difficulté des gens de type Eau.

L'énergie yin de la maison d'un type Eau peut être si séduisante qu'il peut être difficile d'avoir les moyens non seulement de quitter cette maison, mais aussi de mobiliser l'énergie nécessaire pour s'impliquer dans le monde. Une maison qui a trop de yin peut mener à un manque de motivation ou de vision, ce qui peut finir par conduire à la dépression. Dans ce cas, il peut être nécessaire d'intégrer plus d'énergie yang.

Le meilleur moyen d'ajouter plus d'énergie yang est d'ouvrir les volets ou les rideaux durant la journée. Si des arbres ou des buissons empêchent la lumière d'entrer par les fenêtres, ils devraient être taillés en conséquence. Si un peu d'intimité est nécessaire en raison de la proximité des voisins, vous pouvez installer des volets ajustables par en haut ou par en bas. Ainsi, la fenêtre est couverte en-dessous du niveau des yeux, pour un peu d'intimité, mais laisse aussi entrer la lumière naturelle au-dessus du niveau des yeux. La lumière naturelle ajoute de l'élément Feu à l'espace, ce qui donne à l'élément Eau une bouffée d'énergie.

Intégrer de l'élément Bois serait aussi un moyen complémentaire d'ajouter plus d'énergie yang. L'élément Eau nourrit l'élément Bois dans le cycle des cinq éléments et ainsi met en mouvement l'énergie créative de l'élément Bois. Des objets décoratifs qui attirent l'œil vers le haut vont aider à élever l'énergie et à dynamiser une pièce. Par exemple, un lampadaire au lieu d'une lampe de table. La taille du lampadaire élève l'énergie, tout comme la lumière qu'elle émet vers le haut. Un autre moyen d'apporter plus d'élément Bois est de mettre des meubles en bois. Par exemple, choisissez une table en bois plutôt qu'une table en métal ou en verre.

Les types Eau doivent aussi faire attention à la quantité d'accessoires yin qu'ils possèdent. Par exemple, trop de tapis peut alourdir une pièce. Disposez vos tapis de façon stratégique, pour séparer des espaces ou pour ancrer des zones particulières. Par exemple, les tapis sont un excellent moyen de délimiter des pièces dans un plan d'étage ouvert, où salle de séjour et salle à manger se fondent l'une dans l'autre. Mettre un tapis, soit dans le séjour, soit dans la salle à manger, peut servir à distinguer les deux pièces. Cependant, plusieurs tapis dans la même pièce, sans fonction bien définie, peuvent faire stagner l'énergie. Utilisez les tapis avec parcimonie si le sol est déjà recouvert de moquette, car l'énergie peut devenir trop lourde.

Plusieurs gros meubles dans la même pièce peuvent aussi donner à une pièce une ambiance trop lourde et trop yin. Un gros meuble, comme une armoire, peut servir d'ancrage, ou même de point focal pour une pièce, mais avoir plus d'un gros meuble peut surcharger une pièce et comprimer son énergie. Les meubles peuvent facilement encombrer une pièce, surtout si vous en avez reçu certains en héritage et vous sentez obligé de les conserver. Il n'est pas nécessaire de placer un meuble contre chaque mur. Le meilleur moyen d'alléger une pièce est de remplacer un meuble qui est contre un mur par un tableau très coloré.

Les types Eau doivent aussi minimiser la quantité d'objets décoratifs Terre. La Terre retient l'Eau dans le cycle de destruction, ce qui peut entraîner davantage de stagnation. Des éléments Métal peuvent servir comme accents décoratifs, car l'Eau et le Métal sont des éléments compatibles. En fait, vous verrez souvent du métal et du verre associés en ameublement, à cause de leur compatibilité. Cependant, un usage excessif de Métal et d'Eau peut donner trop de yin et trop de froid.

Décorer pour les types Eau : Résumé

Les types Eau aiment que leur maison soit un havre de paix et d'intimité. La difficulté, cependant, est d'intégrer suffisamment d'énergie yang dans l'espace pour ne pas tomber dans la dépression. On peut ajouter des aspects des éléments Feu et Bois si on veut plus d'énergie yang. Mais évitez de trop vous servir d'éléments Terre et Eau. Cherchez plutôt des moyens d'équilibrer les cinq éléments pour introduire des quantités égales d'énergie yin et yang.

Exemple : Décorer pour les types Eau

Sharon travaille chez elle comme écrivain *free-lance*. Elle a quitté un emploi au rythme effréné dans une entreprise pour avoir plus de flexibilité dans son emploi du temps. Elle préfère avoir des horaires inhabituels, en commençant tard le matin et en travaillant jusque tard le soir. Elle réussit mieux quand elle travaille seule, et la solitude ne la dérange pas. Quand elle ne travaille pas, elle aime lire, rattraper des séries sur Netflix et passer du temps avec son chat.

Mais depuis son divorce, elle a remarqué qu'elle se coupait complètement de toute activité sociale ; elle sent qu'elle a probablement des symptômes proches de la dépression. Elle a perdu la passion de l'écriture qu'elle avait autrefois et elle a du mal à retrouver sa joie de vivre. Ce qu'elle doit écrire l'ennuie, et elle est prête à changer, mais elle n'a pas l'énergie nécessaire pour explorer de nouveaux domaines.

Sharon vit dans une maison à deux chambres, qu'elle aime, mais qui lui semble parfois trop petite. C'est un espace confortable, surtout décoré de tons terre chaleureux et de meubles de seconde main. Sa seconde chambre à coucher lui sert aussi de bureau et de chambre d'amis quand ses parents lui rendent visite, une ou deux fois par an. Elle ne se sert jamais de son bureau, préférant travailler sur son ordinateur portable sur sa table de cuisine ou son canapé.

Dans l'ensemble, Sharon a besoin de plus d'énergie. En tant que type Eau, elle a tendance à faire traîner les choses en longueur, par manque d'énergie et de passion, surtout après avoir subi une transition pénible, comme un divorce. Elle est coincée dans la vieille énergie du passé, et pour pouvoir la quitter, elle a besoin d'un coup de fouet énergétique. Il n'est pas étonnant que sa maison lui semble parfois trop petite : c'est son monde qui lui semble trop petit. On pourrait lui conseiller de remplacer certains de ses meubles d'occasion par d'autres qu'elle choisirait elle-même. Ceci l'aiderait à puiser dans sa propre énergie et dans le présent.

Quand nous vivons avec des objets qui ne résonnent pas complètement avec nous, surtout s'ils sont associés au passé, il peut être particulièrement difficile d'aller de l'avant. Même si vous n'êtes pas doué pour la décoration, le simple fait d'exprimer vos désirs par le biais de l'ameublement et de la décoration peut faire naître la passion dans d'autres domaines.

Sharon pourrait faire entrer plus d'éléments Feu pour avoir plus d'énergie yang dans son espace et dans sa vie. Le Feu est l'énergie associée à la passion, ce qui est exactement ce qui lui manque en ce moment. Sans un sens d'inspiration ou d'enthousiasme, il est difficile pour Sharon (ou pour toute personne qui se trouve dans la même situation) d'aller de l'avant. Elle devrait éviter les éléments Eau et Terre et penser à changer la palette de couleurs dans sa maison, en remplaçant les tons terre par des couleurs plus légères.

Il vaudrait mieux que Sharon s'engage à utiliser la seconde chambre comme bureau, chambre d'amis ou autre chose. L'espace inutilisé prévu pour servir de bureau occupe un espace précieux et crée aussi plus d'énergie stagnante. Même si la pièce ne servait pas également de chambre d'amis, elle ne s'en servirait très probablement pas non plus de bureau, parce qu'elle l'isole encore plus. Si elle veut la conserver comme chambre d'amis, elle pourrait utiliser l'espace qui lui reste comme coin lecture, espace de méditation ou pour d'autres hobbies ou activités créatrices. Puisqu'elle peut emporter son travail avec elle n'importe où, elle peut penser à travailler de temps en temps dans un café, pour être plus souvent au contact d'autres personnes. Faire ceci peut aussi lui apporter de l'inspiration et lui donner de nouveaux sujets d'écriture.

Décorer pour d'autres types élémentaux dans votre maison

À ce stade, vous vous demandez peut-être comment décorer quand vous devez tenir compte d'autres types élémentaux dans votre maison. Qu'il s'agisse de votre conjoint, de vos enfants, de parents ou de colocataires, nous avons inévitablement des relations avec d'autres types élémentaux. De plus, il se forme souvent des relations entre deux éléments incompatibles. Les opposés s'attirent parce que la nature s'efforce toujours de trouver l'équilibre. Par exemple, les relations entre une personne Métal et une personne Bois ne sont pas rares. Le Métal est l'élément qui contrôle le Bois, mais les deux parties peuvent apprendre beaucoup d'une telle relation ; les difficultés qu'elle présente sont aussi bénéfiques à leur croissance personnelle.

En général, pour vivre avec d'autres personnes, il faut faire des compromis. Nous avons tous nos préférences quand il s'agit de notre espace et de notre manière de vivre, et quand on tient compte du fait que l'on vit avec des gens qui ont des énergies complètement différentes, les choses peuvent devenir encore plus difficile. Par exemple, il arrive souvent qu'un maniaque de l'ordre et du rangement et une personne qui ne jette jamais rien tombent amoureux l'un de l'autre. Souvenez-vous que la nature est toujours en quête d'équilibre. Nous cherchons les gens qui peuvent nous équilibrer. Dans le cas présent, il y a de fortes chances pour que le maniaque de l'ordre soit à un stade très avancé de cette obsession et que la personne qui ne jette rien vive au milieu d'un vrai bric-à-brac. Tous deux cherchent l'équilibre. La nature n'aime pas les extrêmes et, inconsciemment, vous non plus. Quand il s'agit de partager l'espace, il est important de délimiter l'espace individuel de chacun et l'espace occupé en commun. Dans l'idéal, il est important d'avoir les deux. Nous avons tous besoin d'un coin quelque part dans la maison où nous puissions nous sentir libre de nous exprimer. Il peut s'agir de votre penderie ou de votre bureau. Si l'espace est limité, un coin de pièce ou une étagère qui ne sera qu'à vous peut suffire. Tout comme notre espace est un reflet de nous-mêmes, il est aussi un reflet des relations au sein du foyer. En plus de la relation, un sentiment d'indépendance contribue à créer une relation d'interdépendance, et ceci devrait se refléter dans votre espace.

Si vous avez l'impression de ne pas avoir dans la maison un espace qui vous semble vraiment être le vôtre, il est très probable que ce soit ainsi que vous vous sentez dans votre relation. Vous avez peut-être l'impression de vous être perdu, d'avoir perdu votre identité ou de sacrifier tant de choses pour votre famille que vos besoins passent au dernier plan. Si ceci résonne en vous, il est important de vous créer un espace quelque part dans votre maison ; c'est le premier pas qui mènera à la création de temps pour vous-même. Le temps et l'espace sont étroitement liés ; quand vous vous occupez de l'un, l'autre suit tout naturellement.

D'un autre côté, si vous avez le contrôle total de l'espace et que vous ne pensez pas beaucoup aux autres, ceci peut aussi être le reflet de votre relation. Une telle chose arrive facilement quand l'un des deux partenaires est le propriétaire de la maison où l'autre emménage. Chaque endroit de la maison peut alors donner l'impression de n'appartenir qu'au propriétaire et à personne d'autre. Si ce genre de contrôle est inconscient, il peut également mener à une relation unilatérale. Dans ce cas-là, il est important pour le propriétaire de donner à son partenaire suffisamment d'espace pour qu'il se sente chez lui. Il est tout aussi important pour cette dernière personne d'exprimer ce dont elle a besoin en ce qui concerne les lieux.

En ce qui concerne les espaces partagés dans la maison, associez des styles qui vous représentent tous les deux. C'est aussi là qu'on peut utiliser de manière efficace l'équilibre des cinq éléments. La meilleure façon d'aborder la décoration des espaces communs est d'avoir un équilibre des cinq éléments. Ainsi, tous les types élémentaux sont pris en compte et la pièce elle-même est équilibrée. On peut aussi observer où la pièce tombe sur la carte Bagua, comme on l'a vu au chapitre 12, et de quelle pièce il s'agit, comme on l'a vu au chapitre 13.

Pour les espaces qui vous sont personnels, vous pouvez tenir compte plus spécifiquement de votre type élémental, comme indiqué plus haut dans ce chapitre. Par exemple, si vous avez votre propre bureau ou votre propre pièce pour vos hobbies, tenez compte de votre type élémental dans votre décoration. Choisissez des couleurs qui vous plaisent et des finitions élémentales qui vous aideront à équilibrer votre énergie personnelle. Chaque occupant peut aussi faire de même pour ses espaces personnels. Les espaces individuels comme les bureaux vont refléter l'individu, et les espaces publics comme la salle de séjour seront le reflet de la maisonnée tout entière. Ainsi, chacun pourra avoir le sentiment d'avoir un espace pour s'exprimer et aussi d'être inclus dans l'unité familiale. Cet équilibrage de l'ensemble de la maison se reflétera de façon positive dans vos relations et créera plus de paix et d'harmonie pour tout le monde.

CHAPITRE QUINZE – Utiliser les cinq éléments pour vous guérir et guérir votre maison

Dans les chapitres précédents, vous avez appris comment utiliser les cinq éléments pour créer un environnement qui vous apportera davantage de soutien. À chaque fois que nous améliorons notre lieu de vie, nous améliorons notre vie elle-même, ce qui crée un effet de ruissellement dans tous les domaines de notre existence. En plus de vous servir des cinq éléments comme nous l'avons vu, vous pouvez aussi créer de l'énergie positive dans votre foyer en utilisant les éléments sous leurs formes les plus brutes. Chaque élément a des qualités énergétiques intrinsèques qui, quand on les utilise consciemment, peuvent servir à guérir notre espace et notre vie. Se servir des éléments pour la guérison approfondit aussi notre connexion à la nature et contribue à créer une meilleure ambiance générale. Vous pouvez voir chaque élément comme un être vivant. Parce qu'ils viennent directement de la terre, ils ont une intelligence intrinsèque. En feng shui, on considère les objets vivants comme particulièrement auspicieux, parce qu'ils ont une force de vie qui donne aux lieux de l'énergie vitale. Par exemple, les cristaux (un élément Métal) et les plantes (un élément Bois) ont une intelligence qui, utilisée de façon intentionnelle, peut grandement stimuler l'énergie dans un lieu.

Il est important de remarquer que quand on utilise les éléments naturels, il faut faire attention à ne pas se servir de produits rares ou en voie de disparition. Servez-vous autant que possible de matériaux remplaçables. Qu'il s'agisse de planches de bois, de carrelages ou d'un coquillage, traitez ces objets avec respect ; ce sont aussi des êtres vivants. Regardons de plus près comment on peut utiliser chacun des cinq éléments de la manière la plus efficace pour aider à guérir nos espaces de vie et nous guérir ainsi nous-mêmes.

Métal : Utiliser des cristaux et des gemmes dans un lieu

Les cristaux et les pierres sont des éléments Métal et ont toutes les propriétés et tous les avantages des éléments Métal dans un lieu, à des fins fonctionnelles ou décoratives. L'énergie de précision du Métal est particulièrement puissante dans les cristaux et les pierres précieuses, parce qu'ils ont une intelligence spécifique qui peut servir à dynamiser positivement un espace. Le mot « cristal » fait en général référence aux cristaux transparents, tandis que « gemme » fait référence à des pierres colorées. Il est difficile de dire à quel moment on passe de cristal à gemme ; dans ce livre, je me servirai de ces deux termes de façon interchangeable.

Les cristaux se sont formés au fil des millions d'années d'évolution de la Terre. On dit que ces pierres contiennent une énergie de transformation et la mémoire de l'évolution de la Terre. Suivant la forme du cristal, il peut absorber, transformer, concentrer ou émettre de l'énergie. La composition minérale d'un cristal détermine sa configuration géométrique, ainsi que sa couleur. La température à laquelle il est soumis au cours de sa formation est aussi un facteur déterminant. Tous ces facteurs signifient que chaque type de pierre a des propriétés énergétiques différentes.

On se sert de cristaux, de gemmes et de minéraux depuis les temps les plus anciens, et les guérisseurs les utilisent encore aujourd'hui. Par exemple, le cuivre sert à diminuer les gonflements et l'inflammation. On s'est servi de malachite aux mêmes fins, et elle était aussi employée pour guérir les blessures en Égypte ancienne. Les cristaux, les gemmes et les métaux sont utilisés en bijouterie à des fins décoratives, thérapeutiques ou les deux à la fois. On peut se servir de pierres sur le corps pour la protection, pour guérir diverses affections, pour la relaxation, pour stimuler les aptitudes psychiques ou pour attirer certaines énergies. On peut aussi se servir de cristaux dans la maison à ces mêmes fins ; vous trouverez certaines suggestions de pierres spécifiques plus loin dans ce chapitre.

Programmer votre cristal

Après avoir fait l'acquisition d'un cristal, il vaut mieux le programmer ; c'est-à-dire, lui donner un but ou une intention spécifique, en général en relation avec un renforcement des propriétés du cristal. Par exemple, un quartz rose a la propriété d'ouvrir le chakra du cœur. Ainsi, votre intention pour la pierre peut être d'attirer un partenaire dans votre vie. Les cristaux transparents peuvent être programmés pour virtuellement n'importe quel but. Dans tous les cas, plus vous êtes précis, plus le résultat sera précis.

Que vous achetiez une pierre, la receviez en cadeau ou l'extrayiez du sol vous-même, il est conseillé de la purifier avant de la programmer. Parce que les cristaux absorbent l'énergie, ils peuvent contenir une énergie négative venue de propriétaires passés ou même de zones de traumatisme dans la terre.

Il y a plusieurs méthodes différentes pour purifier les cristaux. Faire couler de l'eau sur eux avec l'intention de les nettoyer de toute négativité est le moyen le plus simple. On peut aussi purifier les pierres dans un bol d'eau salée. Évitez de les laisser tremper plus d'une nuit, car le sel peut être trop corrosif pour certaines pierres ; n'utilisez pas d'eau salée du tout avec des pierres poreuses. Une autre façon de recharger les pierres est de les exposer à la lumière de la lune. Vous pouvez également les passer dans la fumée d'un fagotin de sauge ou d'un bâton d'encens.

Une fois votre pierre purifiée, vous pouvez lui donner une intention, ce qui peut être fait en pleine conscience ou dans un état méditatif. Tenez la pierre entre vos mains, ou placez les mains au-dessus d'elle, et concentrez-vous sur votre intention pour le cristal. Lorsque vous avez le sentiment d'avoir terminé la programmation, votre cristal est prêt à travailler pour vous. Suivant la tâche qu'il doit accomplir, il peut devoir être purifié régulièrement. Par exemple, si le but de la pierre est d'absorber l'énergie négative, il faudra la nettoyer périodiquement de l'énergie qu'elle aura absorbée. Vous pouvez aussi vous servir des méthodes de purification indiquées ci-dessus. Il vaut mieux vous servir de votre intuition pour savoir quand votre pierre doit être purifiée à nouveau.

Sélectionner des cristaux pour un lieu

Utiliser des cristaux et des gemmes dans votre maison est un excellent moyen de dynamiser l'énergie du Métal et d'invoquer des intentions positives que vous pouvez intégrer dans votre vie. Ils vont naturellement ajouter dans un lieu l'énergie de la concentration et de la précision. Associés à d'autres éléments, ils peuvent créer un bel agencement, ainsi qu'ajouter de l'énergie positive ou qu'absorber de l'énergie négative, en fonction de la pierre concernée.

Comme vous l'avez vu dans les chapitres précédents, votre énergie et celle de votre foyer sont en étroite corrélation. Quand vous améliorez l'énergie de votre maison, vous améliorez aussi votre énergie personnelle. Les cristaux peuvent être utilisés en association avec la carte Bagua ou avec les fonctions d'une pièce pour aider à améliorer l'énergie et concentrer une intention. Par exemple, si vous voulez dynamiser l'abondance dans votre vie, vous pouvez vous servir de la gemme correspondante dans le *gua* de l'abondance et de la prospérité et/ou dans votre bureau, là où vous générez vos revenus.

Quand on utilise des pierres en association avec la carte Bagua, on choisit en règle générale la pierre appropriée selon sa couleur. Prenez des pierres qui ont une couleur similaire à celle du *gua* en question. Par exemple, servez-vous d'une pierre de couleur rose dans le *gua* Amour & Relations. Les propriétés des pierres ne se limitent pas à leur couleur, mais celle-ci peut vous servir à en choisir une à placer dans votre espace. Si vous connaissez les chakras du corps, vous pouvez aussi sélectionner des pierres en fonction des couleurs qui leur correspondent. Vous pouvez aussi vous servir de cristaux et de gemmes pour guérir votre maison ou votre propriété. Dans les cas de traumatismes sur le terrain ou dans la maison, les cristaux peuvent servir à absorber la négativité. Par exemple, certaines pierres peuvent interrompre le stress géopathique ou contribuer à minimiser une activité électromagnétique excessive. Voyez la liste suivante pour des pierres qu'il vaut mieux utiliser à cette fin.

Vous trouverez ci-dessous quelques-unes des pierres les plus couramment utilisées dans un lieu. N'oubliez pas qu'elle n'est en rien exhaustive ; il y a des centaines, sinon des milliers de pierres, chacune avec ses propriétés uniques.

Ambre – Techniquement, l'ambre n'est pas une gemme, mais une résine fossilisée provenant d'un arbre. Parce qu'il est lié aux racines d'un arbre, il a une puissante énergie de type Terre et il est connu pour son énergie d'ancrage. C'est une excellente pierre à avoir dans le *gua* de la santé et du bien-être de votre maison, ou dans tout autre endroit où vous avez besoin de plus de l'énergie d'ancrage fournie par les éléments Terre. L'ambre est en relation avec l'énergie de la Terre et il est connu pour son aptitude à retirer ou à extraire la maladie du corps, et il est aussi excellent pour purifier l'énergie dans un lieu.

Améthyste – L'améthyste est l'un des cristaux les plus communs, et on l'expose souvent en raison de ses beaux amas violets. L'améthyste a beaucoup de puissantes propriétés thérapeutiques, peut-être parce que la couleur violette est celle qui a la plus haute vibration. L'améthyste protège non seulement contre l'énergie négative, mais elle transmute aussi l'énergie et la fait passer à une vibration supérieure. Elle peut protéger contre le stress géopathique ou les conditions environnementales négatives. Ceci la rend particulièrement utile pour favoriser l'énergie positive dans un lieu.

L'améthyste peut aussi servir à apporter la lucidité et à calmer l'esprit. Elle est donc très intéressante pour un bureau. Vous pouvez vous en servir dans le *gua* de l'abondance et de la prospérité pour concentrer des intentions en relation avec l'argent ou pour plus de lucidité sur le but de votre vie.

Apophyllite – Cette belle pierre transparente se présente sous forme d'amas de pierres cristallines jaune pâle ou vert pâle. Elle agit comme transmetteur d'énergie positive et peut nous aider à nous relier au monde spirituel, ce qui en fait une excellente pierre à placer dans le *gua* des gens serviables et des voyages, pour favoriser la connexion avec les anges, les guides et les êtres chers qui ont disparu. Elle aide à bâtir un pont entre le monde physique et le monde spirituel. Elle peut favoriser la relaxation et des états méditatifs profonds.

Aigue-marine – L'aigue-marine sert depuis des temps très anciens pour écarter les esprits ténébreux. Elle est connue pour protéger contre les pollutions environnementales et pour contribuer à harmoniser l'environnement. Elle est aussi connue pour son association avec le chakra de la gorge, pour stimuler la communication et retirer les blocages liés à la parole.

Aragonite – Cette pierre est reliée de près à l'élément Terre et a de puissantes propriétés d'ancrage. Elle peut contribuer à transformer le stress géopathique et à guérir la terre. L'aragonite sert aussi à guérir traumatismes du chakra racine dans le corps. Elle aide à calmer le système nerveux et à apporter un ancrage général quand on se sent craintif ou dispersé. C'est une bonne pierre à placer dans le *gua* de la santé et du bien-être ou dans le *gua* de la famille et de la communauté.

Aventurine – L'aventurine est connue pour favoriser la prospérité. Elle absorbe aussi l'énergie électromagnétique ou les pollutions environnementales. C'est une bonne pierre à placer dans le *gua* de l'abondance et de la prospérité ou partout où il y a de hautes fréquences électromagnétiques provenant de lignes électriques, de téléphones portables ou d'ondes radio.

Calcite – La calcite est une pierre très commune et elle se présente sous diverses couleurs : verte, bleue, jaune, orange, transparente, brune et rose. Chacune a ses propres propriétés, basées sur sa couleur, et elles peuvent être utilisées ainsi avec la carte Bagua. Dans tous les cas, ce sont de très bonnes purificatrices énergétiques pour les lieux et pour le corps.

Chrysoprase – Cette pierre dynamise le cœur, et on dit qu'elle facilite la fidélité dans les relations. C'est une excellente pierre à mettre dans sa chambre à coucher ou dans le *gua* Amour & Relations. La chrysoprase peut aussi aider à exprimer sa vérité,et à guérir les relations codépendantes en soutenant simultanément l'indépendance et l'engagement.

Cinabre – Le cinabre est une excellent pierre à placer dans le *gua* de la célébrité et de la réputation, car elle renforce l'image de soi, surtout sur le plan professionnel. Elle aide aussi à faciliter les transactions financières. La placer près de papiers ou de dossiers peut ainsi faciliter les transactions financières qu'ils concernent[8].

Citrine – La citrine est une pierre puissante, dont on dit qu'elle contient le pouvoir du soleil, ce qui en fait une pierre excellente pour dynamiser un espace avec son énergie yang. Elle agit comme purificateur d'espace en absorbant l'énergie négative et en la transmutant en énergie positive. Elle est connue pour être particulièrement favorable dans le coin de la Richesse, car on la considère comme une pierre d'abondance qui attire l'argent et la réussite.

Cyanite – On utilise le plus souvent la variété bleue de cette pierre. Elle est utile pour ouvrir le chakra de la gorge, afin de faciliter l'expression orale et la créativité. Elle n'absorbe pas l'énergie, mais aide à équilibrer l'énergie du yin et du yang dans un lieu. Elle peut aussi aider en méditation.

Cristal de roche – Le quartz est le cristal le plus couramment utilisé, même dans les ordinateurs et les appareils électroniques à cause de ses grandes capacités de chronométrage. Le quartz peut être programmé pour à peu près n'importe quoi, qu'il s'agisse d'émettre de l'énergie positive ou d'équilibrer les énergies d'une pièce. Il aide à être plus lucide et renforce toute activité quand on l'y associe. Il élève la vibration d'un lieu et amplifie l'énergie positive. On trouve du cristal de roche ainsi que de diverses formes et couleurs, chacune avec des propriétés plus spécialisées, par exemple le quartz rose et le quartz fumé.

Héliotrope – L'héliotrope est une excellente pierre pour renforcer l'énergie du cœur. Elle nettoie le sang et renforce le système immunitaire. Elle aide à retirer les toxines du sang et servait en Égypte ancienne à réduire les tumeurs. En raison de ses propriétés thérapeutiques liées au sang, c'est une excellente pierre d'ancrage.

---

8. Avertissement : cette pierre étant composée d'éléments toxiques pour l'homme, il est conseillé de se laver soigneusement les mains après chaque utilisation, ainsi que nettoyer régulièrement l'environnement autour de tout dépôt.

Howlite – Cette pierre est connue pour soulager l'insomnie. Pour faciliter le sommeil, mettez-la sur votre table de nuit, sous votre oreiller ou aux quatre coins de votre lit pour former un mandala de cristaux.

Jade – Le jade est associé à la sagesse et à la lucidité. On dit aussi qu'il favorise les rêves quand on le met sur le front. Il fait une bonne pierre à placer dans le secteur Sagesse & Connaissance. Le jade aide aussi le chakra du cœur à avoir des relations saines, et pour la protection. Il est aussi associé à la richesse et à l'abondance. On trouve diverses couleurs de jade, chacune avec des propriétés plus spécifiques.

Jaspe – Il y a plusieurs couleurs différentes de jaspe, qui peuvent être utilisées avec les chakras ou les secteurs de la carte Bagua correspondants. En général, le jaspe est une pierre d'ancrage qui peut soulager le stress environnemental et les effets de l'énergie électromagnétique et des polluants.

Labradorite – La labradorite contient toutes les couleurs de l'arc-en-ciel et elle aide donc à équilibrer les sept chakras. C'est une pierre de protection et elle est excellente autour du périmètre d'une maison pour écarter au besoin les énergies indésirables. Elle relie les dimensions physique et spirituelle et peut protéger contre les attaques psychiques, tout en stimulant les aptitudes psychiques et en établissant une connexion avec les mondes spirituels.

Lapis-lazuli – Le lapis-lazuli aide à équilibrer l'activité mentale et à ouvrir le troisième œil (le sixième chakra). Il peut aussi contribuer à stimuler la communication en soutenant le chakra de la gorge. On le porte souvent autour du cou, mais il peut aussi être utilisé dans un espace pour favoriser la lucidité, l'expression de soi et la créativité.

Larimar – Le larimar aide à se connecter aux êtres angéliques et aux dimensions spirituelles supérieures. Il peut aussi aider dans les cas de problèmes relationnels causés par la culpabilité ou les limitations qu'on s'impose à soi-même.

Malachite – La malachite est une pierre puissante pour absorber les énergies négatives. Elle est particulièrement utile pour absorber les radiations et devrait être utilisée dans les foyers exposés à des fuites radioactives ou à d'autres pollutions électromagnétiques. En raison de son grand pouvoir d'absorption, il est important de la nettoyer régulièrement. La malachite peut aussi aider à alléger les énergies trop denses des corps mental et émotionnel.

Pierre de lune – La pierre de lune renforce les aptitudes psychiques et peut aider à apaiser les problèmes émotionnels. Comme la lune, elle a une énergie yin passive et elle est excellente dans des endroits où il faut de l'énergie yin.

Obsidienne – L'obsidienne est en fait de la lave qui n'a pas eu le temps de cristallier. En raison de la rapidité de sa création, elle a une très grande capacité de transformation. C'est une pierre protectrice qui absorbe l'énergie négative et protège contre les attaques psychiques. Il existe une forme d'obsidienne appelée larme d'Apache qui absorbe la peine et le chagrin. À cette fin, elle peut être placée près du lit pour aider à la transformation des émotions. L'obsidienne noire peut être utile dans le *gua* de la carrière et du but de la vie, pour mieux comprendre qui on est vraiment. Elle peut aider à révéler les blocages ou les désirs subconscients et aider à trouver plus de clarté.

Quartz rose – Le quartz rose est surtout associé à l'amour. Il incarne l'énergie de l'amour inconditionnel et il aide à guérir le chakra du cœur. Mettez un quartz rose dans votre *gua* de l'amour et des relations ou dans votre chambre à coucher. Il peut être utilisé pour attirer une relation amoureuse ou aider à apporter l'harmonie à une relation existante. Il peut aussi aider à guérir une peine de cœur.

Rhodochrosite – Cette pierre est en rapport avec l'amour et les relations. On dit qu'elle aide à attirer l'âme sœur et qu'elle guérit les problèmes relationnels. La rhodochrosite peut amener à la surface les problèmes non résolus ou les schèmes récurrents pour pouvoir s'en libérer, en particulier s'ils sont en rapport avec le fait de ne pas se sentir aimé ou avec des peurs associées à l'amour.

Rhodonite – Cette pierre favorise l'équilibre et la paix dans les relations. Elle aide à équilibrer les énergies yin et yang dans un lieu et à activer l'amour inconditionnel. Elle peut aider à soigner les blessures émotionnelles du passé, comme l'abandon ou la trahison, et à favoriser le pardon. Placez-la dans le *gua* de la famille et de la communauté pour aider à guérir des problèmes familiaux passés non résolus.

Sélénite – La sélénite est une pierre apaisante qui offre une protection paisible. Elle peut être utilisée dans une pièce pour favoriser la paix et la relaxation. Elle peut aussi être placée aux quatre coins d'une maison pour offrir une protection paisible, par opposition à une protection qui écarte activement les énergies.

Shiva Lingam – Cette pierre a une forme d'œuf et elle porte le nom du dieu hindou Shiva. Elle représente l'union des énergies masculine et féminine. C'est la pierre de la fertilité. Elle agit sur les chakras inférieurs pour traiter les difficultés liées à la reproduction et favoriser la fertilité.

Quartz fumé – Le quartz fumé est l'une des pierres de protection les mieux connues. C'est une grande pierre d'ancrage, et elle peut donc absorber et transformer l'énergie électromagnétique. Quand on l'utilise pour le corps, elle peut aider à soulager la dépression, la peur ou d'autres énergies denses retenues dans le corps.

Sugilite – La sugilite est une autre pierre utilisée pour dynamiser le chakra du cœur et les relations amoureuses. Elle sert à faciliter le pardon et à favoriser les associations spirituelles. Elle peut aussi aider à guérir le cœur de la déception ou du chagrin.

Topaze – La topaze est une excellente pierre pour émettre de l'énergie positive dans un lieu. Elle est connue pour apporter la joie et l'abondance. Elle aide à mettre sur votre chemin la lucidité qui vous mènera à l'abondance intérieure et extérieure. Servez-vous d'une topaze bleue pour vous aider à manifester la prospérité. La topaze impériale peut servir à dynamiser votre célébrité et votre réputation.

Tourmaline – La tourmaline est une pierre puissante qui peut transformer l'énergie dense en une énergie plus légère. Certains thérapeutes se servent de tourmaline pour les aider à extraire la maladie du corps. Elle est aussi connue comme un insecticide naturel dans les jardins. La tourmaline noire est particulièrement puissante pour se protéger contre l'énergie électromagnétique, les polluants environnementaux, les radiations et l'énergie psychique. La tourmaline verte est utile pour ouvrir le chakra du cœur. La tourmaline rose est aussi utilisée pour attirer l'amour et aider à partager l'amour dans une relation. Une tourmaline qui combine le vert et le rose s'appelle tourmaline melon d'eau, et c'est une très bonne pierre pour les relations.

Turquoise – La turquoise est une pierre de protection utilisée dans de nombreuses cultures, dont celle des Amérindiens, pour les individus et pour leurs foyers. Elle protège contre les énergies négatives et elle aide aussi le chakra de la gorge pour la communication et pour parler en public.

Les meilleurs cristaux pour protéger contre l'énergie électromagnétique

- Aventurine
- Aigue-marine
- Jaspe rouge ou brun
- Malachite
- Quartz fumé
- Tourmaline noire

Les meilleurs cristaux pour protéger contre les énergies indésirables, par exemple, des voisins agaçants

- Labradorite
- Obsidienne
- Quartz fumé
- Tourmaline noire

Les meilleurs cristaux pour attirer ou stimuler l'amour

- Quartz rose
- Chrysoprase
- Calcite verte ou rose
- Larimar
- Rhodochrosite
- Sugilite
- Tourmaline verte et/ou rose

Les meilleurs cristaux pour attirer ou stimuler l'argent

- Citrine
- Améthyste
- Aventurine
- Topaze bleue ou impériale
- Jade

Abondance & Prospérité	Célébrité & Réputation	Amour & Relations
Citrine Améthyste Aventurine Topaze bleue	*Cinabre Citrine Topaze impériale*	*Quartz rose Chrysoprase Larimar Rhodochrosite Sugilite Tourmaline rose ou verte*
Famille & Communauté	Santé & Bien-être	Créativité & Enfants
Aragonite Rhodonite	*Ambre Aragonite Héliotrope*	*Aigue-marine Calcite jaune Cyanite Shiva Lingam*
Sagesse & Connaissance	Carrière & But de la vie	Gens serviables & Voyages
Apophyllite Jade Lapis-lazuli	*Labradorite Pierre de lune Obsidienne Topaze*	*Apophyllite Angélite Larimar Sodalite*

Quelques cristaux sur la carte Bagua.

Bois : Se servir de plantes dans un lieu

Comme les gemmes, les plantes sont des organismes qui vivent, qui respirent et qui apportent à un lieu une énergie vivante. Ils nous relient à la nature tout en ayant l'avantage d'être décoratifs. Si gemmes et cristaux ajoutent du Métal à un espace, les plantes y ajoutent du Bois. Les plantes sont souvent recommandées en feng shui pour leurs nombreux bienfaits, et il est vraiment difficile de se tromper quand on veut mettre des plantes dans un lieu. Les plantes ont beaucoup de fonctions énergétiques et esthétiques : elles peuvent absorber les énergies négatives d'un espace et aussi purifier l'air. Je me sers souvent de plantes pour cacher les fils électriques disgracieux. Par la même occasion, ils absorbent l'énergie électromagnétique émise par les appareils électroniques.

Il a été prouvé scientifiquement que les plantes purifient l'air de toxines et de produits chimiques communs dans la maison, dont le benzène, le formaldéhyde et le trichloroéthylène. Ces produits chimiques sont des sous-produits toxiques de matériaux synthétiques qu'on trouve souvent dans une maison. Le benzène dérive du gaz naturel émis par les cuisinières à gaz. Il a été prouvé que les plantes peuvent retirer jusqu'à 90 % de ces toxines en moins de 24 heures. Ci-dessous, vous trouverez une liste de plantes d'intérieur communes qui ont de grandes propriétés purificatrices.

- Aloe vera
- Fougère de Boston
- Dracéna
- Lierre grimpant
- Ficus
- Gerbera
- Arum grimpant
- Palmier d'intérieur
- Chrysanthème
- Orchidée
- Spathiphyllum
- Philodendron
- Caoutchouc
- Phalangium

Certaines plantes sont aussi vues comme favorables en feng shui en raison de leurs propriétés énergétiques. En règle générale, les plantes aux feuilles rondes et douces sont plus bénéfiques que les plantes aux feuilles pointues. Il vaut mieux éviter les plantes aux feuilles pointues ou les cactus dans la chambre à coucher ou dans les endroits où vous voulez attirer une énergie positive. Cependant, vous pouvez au besoin vous servir de cactus en protection, en particulier à l'extérieur de la maison. Vous trouverez ci-dessous une liste de plantes conseillées ou déconseillées, selon les principes du feng shui.

Plantes conseillées selon le feng shui

Arbre de jade – Les succulentes, en particulier l'arbre de jade, sont particulièrement favorables en feng shui. Ses pétales retiennent l'eau, qui représente l'argent. Mettez-en un près de la porte d'entrée pour augmenter l'abondance.

Arbres fruitiers – Les arbres fruitiers comme le citronnier et l'oranger représentent la chance, l'abondance et la prospérité.

Bambou – Le bambou a une énergie de longévité, de soutien et d'endurance.

Bulbes – Les plantes qui poussent à partir de bulbes sont particulièrement positives, parce qu'elles représentent l'or caché sous la terre.

Cerisier et prunier – Les cerisiers et les pruniers représentent la longévité et la chance en général.

Chrysanthème – Le chrysanthème sert dans les cérémonie de nouvel an et de bénédiction du nouvel an dans les traditions chinoises.

Lotus – La magnifique fleur de lotus plonge ses racines dans les profondeurs boueuses des plans d'eau. Elle représente la transformation et l'illumination.

Magnolia – Le magnolia représente le bonheur et la fortune.

Orchidées – Les orchidées représentent la grâce et la beauté et ajoutent une touche d'élégance à n'importe quel espace.

Philodendron – Cette plante d'intérieur est aussi connue comme plante qui attire l'argent et elle est excellente pour le *gua* de l'abondance et de la prospérité.

Pivoine, gardénia, bégonia – Ces fleurs représentent la bienveillance et la chance.

Plantes à feuilles persistantes – Les plantes à feuilles persistantes représentent la fidélité, l'engagement et l'amitié.

Plantes déconseillées selon le feng shui

Arbres pleureurs – Les arbres ou plantes qui « pleurent » naturellement, comme le saule pleureur, sont yin par nature et peuvent émaner une faible énergie. Il vaut mieux s'en servir au besoin pour équilibrer des endroits extérieurs très yang.

Cactus – Évitez de mettre des cactus dans des parties de la maison consacrées au sommeil ou aux activités sociales. Il vaut mieux s'en servir pour la protection ou en combinaison avec d'autres plantes.

Plantes mortes – On ne doit mettre des plantes dans un lieu que si elles sont saines et bien entretenues.

Plantes non taillées ou parasitiques – Les plantes qui deviennent trop grandes ou parasitiques sont par nature invasives et épuiseront l'énergie de leur environnement.

Plantes rabougries (bonsaï) – Les plantes modifiées pour avoir l'air rabougries émettent une énergie atrophiée. La technique du bonsaï est originaire du Japon et on pense souvent à tort que les bonsaï émettent une énergie favorable en feng shui.

Feu : Se servir des propriétés transformatives du Feu

Le Feu a une énergie de transformation. L'élément Feu est au maximum de l'énergie du cycle yang, juste avant que cette énergie ne devienne cendre (élément Terre) et entre dans la phase yin. Il n'est pas étonnant que le feu soit si souvent utilisé dans les cérémonies et les rituels. Il consume l'ancien pour faire de la place au nouveau. Le feu, sous forme de flamme, représente l'énergie sous sa forme la plus pure et la plus concentrée. C'est aussi pourquoi l'élément Feu est si puissant pour manifester quelque chose. Quand les types Feu se concentrent intensément, ils sont capables de manifester à peu près n'importe quoi. Si vous vous servez de feu dans un espace, vous pouvez aussi utiliser le pouvoir de l'élément Feu pour concentrer, manifester et transformer l'énergie.

Utiliser des bougies dans votre espace est le moyen le plus facile d'ajouter de l'élément Feu sous sa forme brute. Je conseille souvent à mes clients, pour dynamiser l'énergie de *guas* particuliers, de se procurer une bougie de la couleur correspondante et de la mettre dans cette partie de leur maison. À chaque fois que vous allumez la bougie, ajoutez une affirmation ou une intention en rapport avec ce que vous désirez, afin d'ajouter votre propre énergie à l'énergie Feu de la bougie. Par exemple, si vous désirez être remarqué dans le monde, ou avoir plus de publicité, mettez une bougie rouge dans votre *gua* de la célébrité et de la réputation. À chaque fois que vous allumez la bougie, réaffirmez votre intention ou votre désir.

Vous pouvez aussi vous servir de la flamme d'une bougie pour vous aider à vous concentrer. J'allume souvent une bougie au début d'une séance de travail pour apporter une énergie de concentration et d'intention, surtout quand je m'assieds pour écrire. Une flamme de bougie peut servir d'outil de méditation. Concentrer le regard sur une flamme aide à concentrer l'esprit.

En feng shui, on considère que la cuisinière est un puissant élément Feu et qu'elle est reliée au sentiment de pouvoir personnel. Nettoyez souvent votre cuisinière ; vous pouvez même y intégrer une intention en le faisant. Chaque brûleur représente un aspect de votre pouvoir personnel. Ainsi, il vaut mieux se servir de tous les brûleurs plutôt que d'un ou deux seulement, pour avoir accès à tout votre pouvoir. La cheminée est aussi considérée comme un élément Feu important. Si vous avez une cheminée, alors n'hésitez pas à vous en servir au besoin. Si vous avez une cheminée qui ne fonctionne pas, faites-la réparer, si c'est faisable, pour avoir accès à davantage de votre propre élément Feu. Si elle ne peut pas être réparée, alors ajoutez des bougies pour compenser.

Eau : Intégrer des caractéristiques Eau

L'élément Eau donne à un espace une énergie relaxante. C'est peut-être parce que nous sommes faits d'environ 60 % d'eau que nous nous sentons naturellement bien près de l'eau. Les décorations de type Eau en intérieur sont devenues populaires en raison de leur esthétique et de leur effet apaisant. C'est pourquoi de plus en plus d'espaces d'entreprises, comme les cabinets médicaux et les halls d'hôtel, intègrent des fontaines murales. Les aquariums, les prédécesseurs des fontaines d'intérieur en décoration, ajoutent à un espace un effet similaire.

Pour les gens qui ne vivent pas en bord de mer, ou près d'un lac ou d'une rivière, intégrer des éléments Eau dans leur lieu de vie peut être une compensation. Si on peut toujours se servir des formes symboliques de l'élément Eau, comme le verre et les lignes ondulées, il est difficile de remplacer le plaisir qu'apporte l'eau sous sa forme littérale. L'eau purifie naturellement l'air autour d'elle, ce qui le rend plus facile à respirer et plus sain pour notre peau. Si vous avez déjà utilisé un humidificateur d'atmosphère dans un lieu sec, vous avez très certainement remarqué l'amélioration de la qualité de l'air. Ajoutez quelques gouttes de votre huile essentielle préférée et vous avez aussi un traitement aromathérapeutique instantané.

Terre : Ancrer avec la Terre

J'aime beaucoup planter des fleurs quand je sens que je manque d'ancrage. Il n'y a rien de mieux pour moi que de plonger les mains dans la terre, l'essence même de l'élément Terre, et de la toucher. Une autre de mes méthodes préférées pour travailler directement avec l'élément Terre est la poterie. Durant une période majeure de transition dans ma vie, j'ai commencé à prendre des cours de poterie. En travaillant avec l'argile (qui est composée de plusieurs minéraux différents et qui est un élément Terre), j'ai eu la même expérience d'ancrage qu'en plantant des fleurs. Si la terre et l'argile peuvent ne pas avoir l'air d'objets décoratifs très attrayants pour une maison, ils peuvent facilement y être intégrés si vous avez des plantes (combinées avec l'élément Bois), de la poterie, des bols décoratifs et des paniers. Des plantes en pot dans les espaces intérieurs et extérieurs peuvent aussi offrir les bienfaits de l'ancrage de l'élément Terre.

Utiliser les cinq éléments sous leur forme la plus pure est une manière intentionnelle de se servir des éléments de façon continue, selon l'énergie que vous voulez le plus utiliser. Par exemple, les jours où j'ai besoin de me concentrer davantage, j'allume une bougie. Et si vous voulez invoquer ou dynamiser une intention spécifique, des cristaux peuvent vous aider. Les jours stressants, utilisez une fontaine d'intérieur. Servez-vous de plantes pour ajouter un flux d'énergie positive dans votre espace ou pour instiller l'inspiration de la croissance et de l'expansion dans votre vie. Les jours où vous avez besoin de vous sentir plus ancré, pensez à vous occuper de votre jardin. Voyez chaque élément comme un outil aux usages spécifiques, qui peut vous aider à entretenir et à dynamiser votre espace et laissez-les apporter davantage de conscience dans votre vie.

CONCLUSION

J'espère que vous voyez maintenant votre maison d'une façon tout à fait différente. Vous avez probablement déjà remarqué si un ou plusieurs éléments y tiennent une place prédominante. En déplaçant, ajoutant ou retirant des objets, vous pouvez trouver l'équilibre optimal des éléments dans votre foyer et dans votre propriété. Amusez-vous à utiliser les cinq éléments pour créer un environnement convivial, beau et agréable. Ce que mes clients me disent le plus souvent, c'est qu'ils ont envie d'une maison qui soit pour eux un sanctuaire, un lieu pour lequel chacun a naturellement sa propre définition. En règle générale, un sanctuaire devrait apporter la guérison et il devrait être beau et agréable. En utilisant les cinq éléments, vous pouvez créer votre sanctuaire personnel, et en travaillant avec eux dans votre maison, vous créez un lien direct entre le monde énergétique du feng shui et le monde tangible de la décoration. Ceci nous relie aussi à la nature et à tous les êtres vivants. Ainsi, vous contribuez à créer des lieux de vie plus sains et donc une meilleure planète.

Constamment menacés par les radiations, le changement climatique et les extinctions d'espèces vivantes, on peut facilement se sentir apathique ; après tout, sauver le monde peut vite devenir écrasant. L'un des meilleurs moyens, et l'un des plus faciles, pour aider la planète est de prendre soin des espaces où nous habitons. Si nous prenons tous soin du coin de terre que nous empruntons à la Terre Mère en cultivant littéralement notre propre jardin, nous allons beaucoup contribuer à la guérison de notre Terre.

Une maison paisible permet des relations plus paisibles dans le foyer et au-delà de ses murs. Vous trouverez ci-dessous quelques moyens vous permettant de vous occuper facilement de votre lieu de vie afin d'améliorer notre planète. Si vous aimez revenir chez vous et retrouver votre intérieur, tout le monde en profite.

Quittez votre lieu de vie en meilleur état que vous l'avez trouvé : promettez-vous qu'à chaque fois que vous déménagez, vous laisserez les lieux plus beaux que quand vous avez emménagé. Nous devrions faire ce que nous pouvons pour améliorer notre lieu de vie, que ce soit sur le plan esthétique, en les décorant, ou sur le plan structurel, par l'entretien et la réparation, ou tout simplement par le nettoyage.

Quand je pratiquais le droit, j'ai brièvement travaillé en saisie hypothécaire. J'avais beaucoup d'empathie pour les gens qui perdaient leur maison et je me demandais souvent si je devais participer à ce processus. Cependant, quand je voyais l'état des maisons saisies, je ressentais aussi une grande douleur pour les lieux et pour la terre sur laquelle ils étaient bâtis.

Si les hommes d'affaires qui rachetaient ces propriétés ne cherchaient qu'à gagner de l'argent, ils nettoyaient aussi ces maisons de fond en comble, apportaient les réparations nécessaires et restauraient ces maisons pour les rendre plus habitables. Les précédents propriétaires n'avaient tout simplement pas les fonds nécessaires pour entretenir leur maison, et certaines étaient devenues complètement insalubres. De toute évidence, c'est un exemple extrême d'un espace qu'on quitte en pire état qu'on l'avait trouvé, mais souvenez-vous, quand c'est possible, de laisser un endroit en meilleur état que quand vous l'avez trouvé, même si c'est simplement en respectant et en aimant ce lieu quand vous y êtes.

Faites des réparations : il n'y a pas de pire aimant à énergie que des objets cassés ou endommagés. Une maison, elle aussi, a des sentiments. Un endroit qui a besoin de réparations, par exemple, un mur fissuré par une fuite d'eau, est comme un traumatisme pour une maison. Malheureusement, les réparations peuvent coûter cher, et en conséquence elles ne sont pas toujours faites. Essayez de faire des réparations avant d'apporter des améliorations à un lieu (comme acheter ce grand canapé en cuir qui a accroché votre regard !).

Débarrassez-vous du bric-à-brac : l'autre gros piège à énergie dans une maison, c'est le bric-à-brac. Vous vous demandez peut-être comment vider vos armoires peut sauver la planète. En fait, vous pensez peut-être même que vous préféreriez ne pas ajouter à la décharge cette machine à expresso cassée. Voyez les choses comme ça : en fait, si vous la gardez, vous transformez votre maison en décharge. Il n'y a aucune différence entre les objets qui dorment, inutilisés, au fond d'un placard et ceux qui sont dans une décharge.

L'énergie négative attire davantage d'énergie négative. Le bric-à-brac de votre placard peut vous donner l'impression de n'affecter que vous, mais en fait, il affecte tout ce que vous mettez dans le monde, depuis vos relations jusqu'à votre productivité au travail. Créez la meilleure énergie possible dans votre lieu de vie, afin de pouvoir être la meilleure personne possible dans le monde, et faites toujours de votre mieux pour réduire, réutiliser et recycler !

Servez-vous des principes du feng shui : il y a vraiment quelque chose dans cette pratique vieille de 4 000 ans. Le feng shui concerne l'harmonisation du lieu où nous vivons avec la Terre Mère. Mais plus important encore, il concerne l'apport de conscience à votre lieu de vie. Si l'énergie circule bien dans votre espace de vie, vous contribuez à la guérison de la planète. Vous avez le contrôle sur le terrain que vous occupez sur la planète, qu'il fasse 1 000 m^2, 40 000 m^2 ou 40 m^2. Lisez un livre de feng shui, allez voir un consultant en feng shui ou déplacez simplement des objets jusqu'à ce qu'une pièce vous fasse une meilleure impression.

Rendez votre trottoir plus attrayant : l'extérieur de notre maison est tout aussi important que l'intérieur. La façade de la maison représente le visage que nous montrons au monde, tandis que l'arrière représente notre monde intérieur. Tous deux sont tout aussi importants l'un que l'autre. Si vous avez un jardin, profitez-en pour travailler directement avec la Terre Mère. Embellissez vos espaces extérieurs, qu'il s'agisse d'un jardin, d'un balcon ou juste d'un rebord de fenêtre.

Aimez votre espace : le meilleur moyen par lequel vous pouvez faire du bien à votre espace, et donc à la planète, est d'aimer le lieu où vous vivez. Se servir des suggestions ci-dessus est un moyen de montrer votre amour pour cet espace. Pensez aussi à bénir votre maison en y entrant et régulièrement pendant que vous y vivez. C'est une entité qui vit et qui respire, et plus vous l'aimerez, plus elle vous aimera.

Décorez votre maison afin d'aimer vous y trouver. Même si vous ne respectez pas les règles du feng shui, décorez-la d'une manière qui vous fasse vous sentir bien. À mon avis, c'est le meilleur feng shui. Apportez des changements aux endroits où vous ne passez pas beaucoup de temps, car en général, il y a une raison à cela. Notre corps est attiré par les espaces ou les endroits où nous nous sentons bien et évite ceux où nous nous sentons mal. Plus vous pourrez incarner et aimer tout votre espace, plus vous pourrez prospérer dans tous les domaines de votre vie.

Travaillez avec les cinq éléments : travailler avec les cinq éléments pour décorer votre maison vous aidera à y apporter équilibre et harmonie, ainsi qu'à votre vie. Plus nous sommes conscients de ce que nous avons chez nous, plus nous serons conscients dans tous les domaines de notre vie. Après notre corps, notre maison est notre second sanctuaire. Elle peut servir d'outil de guérison, pour apporter à notre vie les changements que nous désirons ou comme une oasis personnelle à laquelle nous revenons à la fin de chaque jour.

Comme vous l'avez appris dans ce livre, vous pouvez vous servir des cinq éléments avec la carte Bagua pour dynamiser certains domaines de votre vie, en conjonction avec la fonction d'une pièce ou pour aider à équilibrer votre énergie personnelle. Ainsi, vous trouverez plus de paix, de tranquillité et d'harmonie. Plus il y aura d'équilibre dans votre maison, plus vous trouverez d'équilibre dans votre vie.

Quand nous sommes connectés à la nature, nous nous sentons naturellement mieux dans notre environnement. En utilisant les cinq éléments de manière consciente, vous apportez davantage de conscience dans votre maison et dans votre vie. Ceci permet aussi d'élever le niveau général de conscience de notre planète. Ensemble, les cinq éléments sont le pont qui nous relie à la nature, et la nature est ce qui nous relie à l'unité qui imprègne toute chose. C'est la voie, le Tao.

BIBLIOGRAPHIE

Beinfield, Harriet, et Efrem Korn. *Between Heaven and Earth: A Guide to Chinese Medicine*. New York: Ballantine Books, 2013.

Chen, Chao-Hsui. *Body Feng Shui: The Ancient Chinese Science of Body Reading*. Rochester, VT: Destiny Books, 1999.

Haner, Jean. *The Wisdom of Your Face*. Carlsbad, CA: Hay House, 2008.

DOCUMENTATION RECOMMANDÉE

Between Heaven and Earth, Harriet Beinfield et Efrem Korn, Ballantine Books (2013).

The Crystal Bible, Judy Hall, Walking Stick Press (2003).

The Energy of Love: Applying the Five Elements to Turn Attraction into True Connection, Leta Herman et Jaye McElroy, Llewellyn Publications (2014).

The I Ching, or, Book of Changes, Richard Wilhelm (Traducteur), Cary Baynes (Traducteur), Hellmut Wilhelm (Préface), C. G. Jung (Avant-propos), Princeton University Press; 3e édition (1967).

Tao Te Ching, Stephen Mitchell, Harper Perennial; réimpression (2009).

The Tao of Pooh, Benjamin Hoff, Penguin Books (1983).

The Wisdom of Your Face, Jean Haner, Hay House (2008).

Wood Becomes Water: Chinese Medicine in Everyday Life, Gail Reichstein, Kodansha USA (1998).

APPENDICE

Vous trouverez dans cette section des tableaux et des diagrammes pour vous aider à comprendre les données présentées dans ce livre et passer à une application pratique des cinq éléments. Elle constituera aussi un document auquel vous pourrez facilement vous reporter au besoin. Par exemple, pour trouver rapidement des exemples de l'un des cinq éléments dans un intérieur, consultez simplement la figure 13.

Toutes les figures sont données dans l'ordre dans lequel les sujets sont traités dans ce livre. Certains tableaux sont des reproductions de ceux qui sont déjà présentés dans le corps du texte, placés ici tous ensemble pour un usage pratique. D'autres n'apparaissent que dans cet appendice. Ces tableaux vous permettront de trouver rapidement et facilement les informations dont vous avez besoin.

Figure 1: Caractéristiques des énergies yin et yang.

Yang	**Yin**
Actif	Passif
Soleil	Lune
Jour	Nuit
Été	Hiver
Printemps	Automne
Ciel	Terre
Masculin	Féminin
Naissance	Mort
Haut	Bas
Nouveau	Ancien
Rapide	Lent
Chaud	Froid

Figure 2 : Caractéristiques yin et yang pour les individus.

Caractéristiques yang pour les individus	Caractéristiques yin pour les individus
Extraverti	Introverti
Léger	Lourd
Énervé	Calme
Fort	Doux
Logique	Imaginatif
Rationnel	Intuitif
Aime le changement	Aime le confort
Tend à avoir chaud	Tend à avoir froid
Voix forte	Voix douce
Traits forts	Traits délicats
Hyperactif	Léthargique

Figure 3: Caractéristiques yin et yang dans un espace extérieur.

Caractéristiques yang : extérieurs	Caractéristiques yin : extérieurs
Peu ou pas d'arbres	Beaucoup d'arbres et de buissons
La porte d'entrée est visible de la rue	La porte d'entrée n'est pas visible
Beaucoup de lumière entre par les fenêtres	Les fenêtres sont cachées par la végétation
Ensoleillé	Ombragé
Rue animée	Parcelle retirée
Fleurs de couleur vive	Beaucoup de lierre et de verdure

Éclairage d'extérieur/barbecue	Plans d'eau, etc. en extérieur
Meubles de jardin en métal et en verre	Meubles de jardin rembourrés
Allées droites	Allées incurvées
Paysage sec	Paysage humide
Pierre	Terre ou paillis
Exposition au sud	Exposition au nord

Figure 4 : Caractéristiques yin et yang dans un intérieur.

Caractéristiques yang : intérieurs	Caractéristiques yin : intérieurs
Blanc, tons clairs et brillants	Noir, brun, couleurs sombres
Décor multicolore	Décor monochrome
Rideaux et stores légers, simples ou inexistants	Fenêtres lourdement couvertes
Fenêtres nombreuses et/ou de grande taille	Fenêtres peu nombreuses et/ou petites
Meubles légers	Meubles lourds
Espace ouvert	Espace encombré
Plan d'étage ouvert	Pièces compartimentées
Meubles verticaux	Meubles horizontaux
Éclairage naturel et vif	Éclairage d'ambiance, tamisé
Usage léger des tissus (draperies)	Usage lourd de tissus (coussins, couvertures, etc.)
Bois dur, carrelage, sol stratifié	Tapis épais et moquette
Plafond haut	Plafond bas

Styles minimaliste, moderne, contemporain	Styles traditionnel, victorien, colonial
Surfaces dures et lisses	Surfaces absorbantes
Peu de portes intérieures	Beaucoup de portes intérieures
Plafond clair	Plafond sombre
Terrasse ouverte	Véranda couverte
Avant de la maison	Arrière de la maison

Figure 5 : Les cinq éléments.

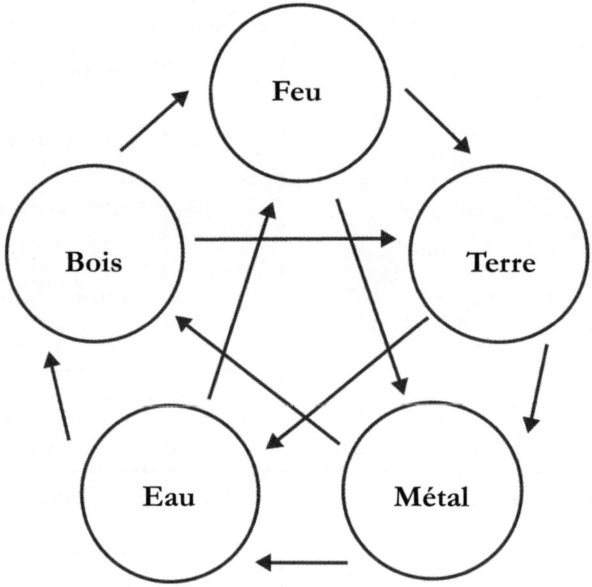

Figure 6 : Propriétés des cinq éléments.

	Bois	**Feu**	**Terre**	**Métal**	**Eau**
Saison	Printemps	Été	Équinoxes/ fin de l'été	Automne	Hiver
Moment de la journée	Du lever du soleil au milieu de la matinée	Midi	Après-midi	Crépuscule	Minuit
Couleur	Vert	Rouge	Jaune, orange	Blanc, argenté	Noir, bleu marine
Climat	Venteux	Chaud	Humide	Sec, aride	Froid
Direction	Est	Sud	Centre	Ouest	Nord
Stade de développement	De la naissance à l'enfance	De l'adolescence au début de l'âge adulte	Maturité	Vieillesse	Mort
Réseau organique	Foie	Cœur	Rate	Poumon	Rein

Figure 7 : Comment les cinq éléments travaillent ensemble.

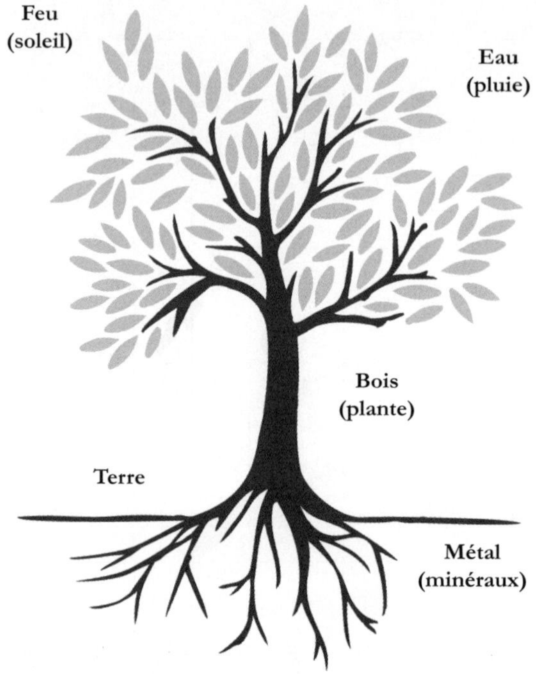

Figure 8 : Cycle de construction des cinq éléments.

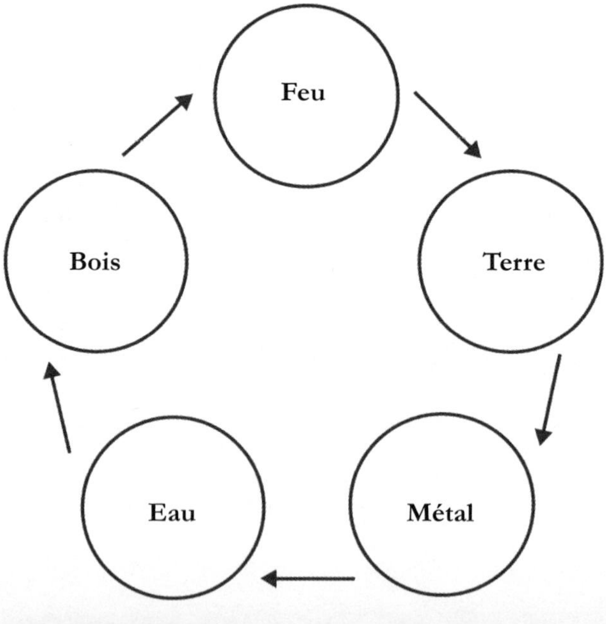

Figure 9 : Cycle de destruction des cinq éléments.

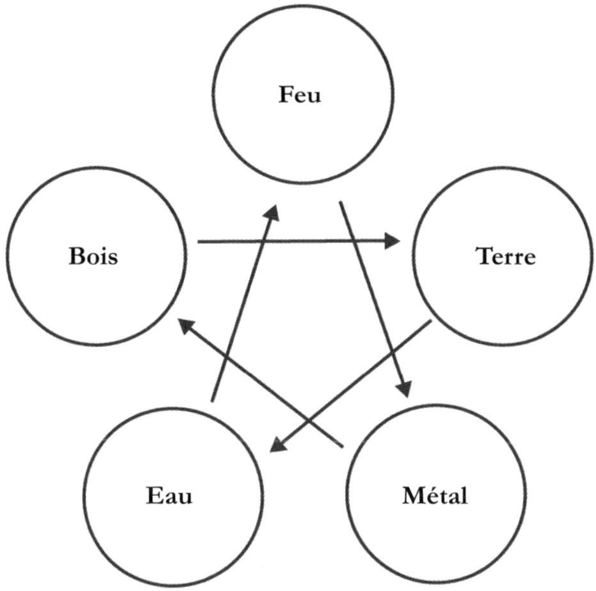

Figure 10 : Cycle d'agression des cinq éléments.

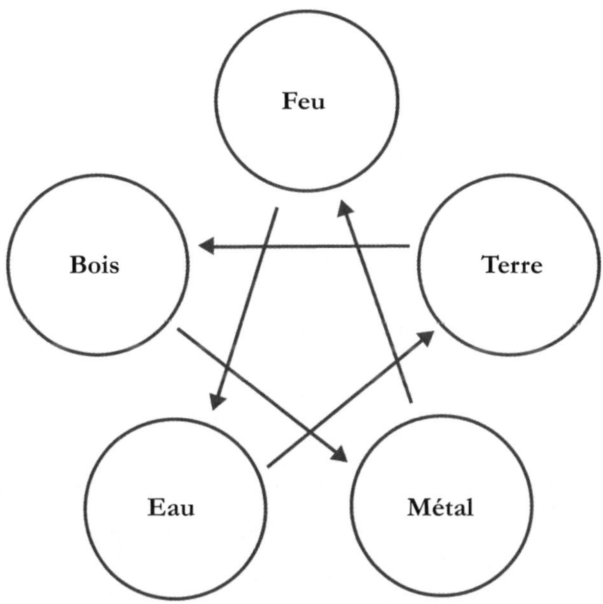

Figure 11 : Élément personnel selon l'astrologie chinoise

Année 1924–1983	Élément associé	Année 1984–2043
05 fév. **1924**–23 jan. 1925	Bois	02 fév. **1984**–21 jan. 1985
24 jan. **1925**–12 fév. 1926	Bois	22 jan. **1985**–08 fév. 1986
13 fév. **1926**–01 fév. 1927	Feu	09 fév. **1986**–28 jan. 1987
02 fév. **1927**–22 jan. 1928	Feu	29 jan. **1987**–16 fév. 1988
23 jan. **1928**–9 fév. 1929	Terre	17 fév. **1988**– 5 fév. 1989
10 fév. **1929**–29 jan. 1930	Terre	06 fév. **1989**–26 jan. 1990
30 jan. **1930**–16 fév. 1931	Métal	27 jan. **1990**–14 fév. 1991
17 fév. **1931**–fév. 05 1932	Métal	15 fév. **1991**–03 fév. 1992
06 fév. **1932**–25 jan. 1933	Eau	04 fév. **1992**–22 jan. 1993
26 jan. **1933**–13 fév. 1934	Eau	23 jan. **1993**–9 fév. 1994
14 fév. **1934**–03 fév. 1935	Bois	10 fév. **1994**–30 jan. 1995
04 fév. **1935**–23 jan. 1936	Bois	31 jan. **1995**–18 fév. 1996
24 jan. **1936**–10 fév. 1937	Feu	19 fév. **1996**–06 fév. 1997
11 fév. **1937**– 30 jan 1938	Feu	07 fév. **1997**–27 jan. 1998
31 jan. **1938**–18 fév. 1939	Terre	28 jan. **1998**–15 fév. 1999
19 fév. **1939**–07 fév. 1940	Terre	16 fév. **1999**–04 fév. 2000
08 fév. **1940**–26 jan. 1941	Métal	05 fév. **2000**–23 jan. 2001
27 jan. **1941**–14 fév. 1942	Métal	24 jan. **2001**–11 fév. 2002
15 fév. **1942**–04 fév. 1943	Eau	12 fév. **2002**–31 jan. 2003
05 fév. **1943**–24 jan. 1944	Eau	01 fév. **2003**–21 jan. 2004
25 jan. **1944**–12 fév. 1945	Bois	22 jan. **2004**–08 fév. 2005
13 fév. **1945**–01 fév. 1946	Bois	09 fév. **2005**–28 jan. 2006
02 fév. **1946**–21 jan. 1947	Feu	29 jan. **2006**–17 fév. 2007
22 jan. **1947**–09 fév. 1948	Feu	18 fév. **2007**–06 fév. 2008

10 fév. **1948**–28 jan. 1949	Terre	07 fév. **2008**–25 jan. 2009
29 jan. **1949**–16 fév. 1950	Terre	26 jan. **2009**–13 fév. 2010
17 fév. **1950**–05 fév. 1951	Métal	14 fév. **2010**–02 fév. 2011
06 fév. **1951**–26 jan. 1952	Métal	03 fév. **2011**–22 jan. 2012
27 jan. **1952**–13 fév. 1953	Eau	23 jan. **2012**–09 fév. 2013
14 fév. **1953**–02 fév. 1954	Eau	10 fév. **2013**–30 jan. 2014
03 fév. **1954**–23 jan. 1955	Bois	31 jan. **2014**–18 fév. 2015
24 jan. **1955**–11 fév. 1956	Bois	19 fév. **2015**–07 fév. 2016
12 fév. **1956**–30 jan. 1957	Feu	08 fév. **2016**–27 jan. 2017
31 jan. **1957**–17 fév. 1958	Feu	28 jan. **2017**–15 fév. 2018
18 fév. **1958**–07 fév. 1959	Terre	16 fév. **2018**–04 fév. 2019
08 fév. **1959**–27 jan. 1960	Terre	05 fév. **2019**–24 jan. 2020
28 jan. **1960**–14 fév. 1961	Métal	25 jan. **2020**–11 fév. 2021
15 fév. **1961**–4 fév. 1962	Métal	12 fév. **2021**–31jan.2022
05 fév. **1962**–24 jan. 1963	Eau	01 fév. **2022**–21 jan. 2023
25 jan. **1963**–12 fév. 1964	Eau	22 jan. **2023**–09 fév. 2024
13 fév. **1964**–01 fév. 1965	Bois	10 fév. **2024**–28 jan. 2025
02 fév. **1965**–20 jan. 1966	Bois	29 jan. **2025**–16 fév. 2026
21 jan. **1966**–08 fév. 1967	Feu	17 fév. **2026**–05 fév. 2027
09 fév. **1967**–29 jan. 1968	Feu	06 fév. **2027**–25 jan. 2028
30 jan. **1968**–16 fév. 1969	Terre	26 jan. **2028**–12 fév. 2029
17 fév. **1969**–05 fév. 1970	Terre	13 fév. **2029**–02 fév. 2030
06 fév. **1970**–26 jan. 1971	Métal	03 fév. **2030**–22 jan. 2031
27 jan. **1971**–14 fév. 1972	Métal	23 jan. **2031**–10 fév. 2032
15 fév. **1972**–02 fév. 1973	Eau	11 fév. **2032**–30 jan. 2033
03 fév. **1973**–22 jan. 1974	Eau	31 jan. **2033**–18 fév. 2034
23 jan. **1974**–10 fév. 1975	Bois	19 fév. **2034**–07 fév. 2035

11 fév. **1975**–30 jan. 1976	Bois	08 fév. **2035**–27 jan. 2036
31 jan. **1976**–17 fév. 1977	Feu	28 jan. **2036**–14 fév. 2037
18 fév. **1977**–06 fév. 1978	Feu	15 fév. **2037**–03 fév. 2038
07 fév. **1978**–27 jan. 1979	Terre	04 fév. **2038**–23 jan. 2039
28 jan. **1979**–15 fév. 1980	Terre	24 jan. **2039**–11 fév. 2040
16 fév. **1980**–04 fév. 1981	Métal	12 fév. **2040**–31 jan. 2041
05 fév. **1981**–24 jan. 1982	Métal	01 fév. **2041**–21 jan. 2042
25 jan. **1982**–12 fév. 1983	Eau	22 jan. **2042**–09 fév. 2043
13 fév. **1983**–01 fév. 1984	Eau	10 fév. **2043**– 29 jan. 2044

Figure 12 : Traits de personnalité des cinq éléments chez les individus.

BOIS	**FEU**	**TERRE**	**MÉTAL**	**EAU**
Efficace	Sensible	Pacificateur	Concentré	Introspectif
Visionnaire	Empathique	Encourageant	Grand sens du détail	Réfléchi
Poussé à agir	Sociable	Pratique	Logique/ analytique	Résilient
Décidé	Orienté vers le plaisir	Nourricier	En contrôle	Calme
Assuré	Optimiste	Harmonieux	Résout les problèmes	Patient
Non-traditionnel	Généreux	Stable/ancré	Termine les choses	Stoïque
Irritable/ frustré	Éparpillé/ tend aux addictions	Anxieux/ inflexible	Critique/ rigide	Mélancolique/ cynique

Figure 13 : Exemples des cinq éléments trouvés dans un intérieur.

BOIS	FEU	TERRE	MÉTAL	EAU
Plantes et fleurs	Bougies	Paniers	Appareils ménagers	Fontaines d'intérieur
Meubles en bois	Cheminée	Poterie	Plans de travail en granit et en ardoise	Éviers, lavabos, baignoires, douches
Plancher en bois	Cuisinière	Récipients	Finitions en marbre	Fenêtres
Murs lambrissés en bois	Éclairage/ ampoules électriques	Pots de fleur	Finitions en pierre	Vases et bouteilles en verre
Placards en bois	Formes triangu-laires	Tables carrées ou rectangulaires	Finitions en cuivre ou en aluminium	Vaisselle et plats de service en verre
Colonnes	Capiton-nage en cuir et en laine	Terre cuite	Coquillages	Dessus de tables et de bureaux en verre
Volets verticaux	Peaux/ têtes d'ani-maux	Brique	Pieds métalliques	Miroirs
Coton/ tissus	Animaux domes-tiques	Sol en carrelage	Cristaux et gemmes	Meubles à surface miroir
Tapis/ moquette	Brique rouge	Dosserets en céramique	Balustrade en fer forgé	Objets en acrylique transparent

Figure 14 : Exemples des cinq éléments trouvés dans un espace extérieur.

BOIS	FEU	TERRE	MÉTAL	EAU
Plantes, buissons, arbres et fleurs	Zones ensoleillées	Terre	Roches et pierres	Piscine ou bain chaud
Balcon ou balustrade de terrasse	Cheminée d'extérieur ou fosse à feu	Terreau	Mur de pierre	Douche d'extérieur
Terrasse en bois	Porte d'entrée rouge	Containers à plantes	Façade en pierre	Fontaine d'extérieur
Hampes de drapeau	Éclairage extérieur	Pots de fleur	Pots ronds	Dessus de table en verre
Lampadaires	Guirlandes de Noël	Tables d'extérieur carrées ou rectangulaires	Carillons en métal	Boule réfléchissante
Colonnes et poteaux de soutien	Fleurs rouges	Terre cuite	Balustrade de terrasse en aluminium ou en métal	Baignoire à oiseaux
Clôture de jardin en bois	Mangeoire à colibri	Terrasse ou patio carré ou rectangulaire	Pieds de table ou crochets en métal	Allées et aménagement de jardin en lignes courbes

Figure 15 : Carte Bagua des cinq éléments.

Bois Abondance & Prospérité	Feu Célébrité & Réputation	Terre Amour & Relations
Bois Famille & Communauté	Terre Santé & Bien-être	Métal Créativité & Enfants
Eau Sagesse & Connaissance	Eau Carrière & But de la vie	Métal Gens serviables & Voyage

Figure 16 : Carte Bagua des cristaux.

Abondance & Prospérité *Citrine* *Améthyste* *Aventurine* *Topaze bleue*	Célébrité & Réputation *Cinabre* *Citrine* *Topaze dorée*	Amour & Relations *Quartz Rose* *Chrysoprase* *Larimar* *Rhodochrosite* *Sugilite* *Tourmaline rose* *ou verte*
Famille & Communauté *Aragonite* *Rhodonite*	Santé & Bien-être *Ambre* *Aragonite* *Héliotrope*	Créativité & Enfants *Aigue-marine* *Calcite jaune* *Kyanite* *Lingam*
Sagesse & Connaissance *Apophyllite* *Jade* *Lapis-lazuli*	Carrière & But de la vie *Labradorite* *Pierre de lune* *Obsidienne* *Topaze*	Gens serviables & Voyages *Apophyllite* *Angélite* *Larimar* *Sodalite*

Avez-vous aimé Décorer selon les cinq éléments du Feng Shui ?

Si vous avez aimé ce livre, nous aimerions vous demander une petite faveur en retour. L'écriture d'un ouvrage représente des mois d'écriture et souvent de longues années de travail en amont pour acquérir les connaissances nécessaires. C'est pourquoi, si vous le voulez bien, nous vous serions reconnaissants de prendre quelques minutes pour parler de ce livre autour de vous, à vos amis, à vos libraires, sur les forums, blogs, sites web, pages, réseaux sociaux, etc., mais aussi pour laisser un avis sur les sites de vente en ligne.

Vos commentaires participent beaucoup à la visibilité du travail de nos auteurs, mais les aident (et nous aident) aussi à mieux cerner vos attentes, à apporter des améliorations à leur travail et à écrire des ouvrages sur d'autres sujets qui pourraient vous intéresser.

Un livre ne vit et n'existe que lorsqu'il se partage et devient accessible à d'autres. Or, cela ne peut se faire que s'ils en entendent parler. Voilà pourquoi votre participation est aussi importante, et pourquoi nous nous en remettons à vous.

Ouvrages du même éditeur

Purification, principes et méthodes

AUTEUR : ARNAUD THULY

Peu de phénomènes ésotériques sont aussi conseillés et nécessaires que la purification. Purifier des lieux, des objets ou des personnes fait partie de la vie quasi-quotidienne des praticiens de toutes les disciplines énergétiques. Mais si beaucoup d'ouvrages ou de sagesses traditionnelles reprennent le sujet, aucune étude du phénomène n'a jusqu'à aujourd'hui été publiée dans le but d'aider les praticiens à en comprendre les mécanismes sous-jacents et à en percer ainsi les nombreux mystères.
Fruit de longues recherches menées en France, en Angleterre et aux Etats-Unis, cet ouvrage unique vous plongera dans le monde des énergies et ses subtilités, contribuant à vous faire découvrir les principes et les fonctionnements qui régissent toutes les formes de purification.
Apprenez à observer et à comprendre en profondeur les fonctionnements des émanations subtiles qui nous entourent afin de choisir la méthode de purification la plus adaptée à votre besoin. Découvrez comment utiliser simplement et efficacement toute une panoplie de techniques qui vous permettront de préserver bien-être et équilibre énergétique tant pour vous-même que pour vos proches.

ⓘ *Broché 15 x 21 - Illustrations N&B - 200 pages*

Plantes et encens de purification

AUTEUR : ARNAUD THULY

Depuis l'aube de l'humanité et par delà toutes les civilisations humaines, les plantes et encens ont été perçus comme des sources de forces magiques et divines. Un sentiment légitime, entretenu par le caractère sacré qu'ils pouvaient revêtir, induit entre autres par leurs propriétés pharmaceutiques.

Mais ce qui a prévalu dans cette sacralisation, c'est la recherche des plantes et encens purificateurs : permettre l'acte divin ou magique sans être affecté par des énergies néfastes et perturbantes, pouvoir vivre sereinement au sein de son habitat ou repousser les entités et les esprits néfastes afin d'assurer à chacun une vie saine et préservée.

Cette quête a cependant mené à beaucoup d'attributions erronées et de raccourcis sur les propriétés purifiantes des plantes et encens, parfois par simple amalgame, parfois dans le seul but d'en faciliter le commerce. Ces abus obligent aujourd'hui à faire le point pour écarter les faux-semblants et remettre en lumière les merveilles que la nature nous offre pour purifier.

Après Purification : Principes & Méthodes, Arnaud Thuly met aujourd'hui à disposition des années de recherche méthodique sur les propriétés énergétiques et purifiantes des plantes et des encens, en nous livrant enfin tous leurs secrets.

ⓘ *Broché 15 x 21 - Illustrations N&B - 436 pages*

Dépôt légal : septembre 2019 N° imprimeur : 091963953-02

Imprimé en France par Présence Graphique - Monts.